Ralf Dahrendorf
Die Chancen der Krise

Ralf Dahrendorf

Die Chancen der Krise

Über die Zukunft des Liberalismus

Deutsche Verlags-Anstalt

CIP-Kurztitelaufnahme der Deutschen Bibliothek

Dahrendorf, Ralf:
Die Chancen der Krise : über d. Zukunft d.
Liberalismus / Ralf Dahrendorf. – Stuttgart :
Deutsche Verlags-Anstalt, 1983.
ISBN 3-421-06148-3

Lektorat: Ulrich Volz
Satz: Setzerei Lihs, Ludwigsburg
Druck und Bindearbeit: Clausen & Bosse, Leck
Printed in Germany

Inhalt

Die Welt von heute

*Schon läuft die Rolltreppe des Fortschritts
rückwärts, und wir müssen uns anstrengen,
um auch nur auf der Stelle zu treten.*

Dies sind schlechte Zeiten für Liberale. Zeiten der Unfreiheit
sind dies dennoch nicht, auch wenn im weitaus größeren
Teil der Welt Unfreiheit herrscht. Dort werden Liberale –
und nicht nur sie – verfolgt und eingekerkert, gefoltert und
ermordet, allenfalls in eine ferne Fremde ausgewiesen. Aber
ihr Ziel ist klar. Sie kämpfen um die Atemluft der Freiheit, in
der allein Menschen gedeihen können. Sie kämpfen um elementare Freiheiten. In Polen und Chile, in Vietnam und der
Türkei, in Libyen und Ghana sind die Zeiten schlecht, aber
Liberale wissen genau, was sie zu tun haben.

In Deutschland und Italien, Holland und Belgien, Kanada
und Australien (Länder, in denen »liberale« Parteien zeit-
weise Regierungen bilden oder an ihnen beteiligt sind)
herrscht keine Unfreiheit. Es werden Fehler gemacht, Regionen vernachlässigt, Minderheiten benachteiligt, Berufsver-
bote verhängt; aber alle Fehler sind korrigierbar. Von
»struktureller Gewalt« zu reden hieße, ein anarchistisches
Märchen zu erzählen. Sie ist nämlich nichts anderes als der
Gesellschaftsvertrag selbst: Weil wir in einer Welt der Ungewißheit leben, müssen wir uns gegen das Dogma auch
dadurch schützen, daß wir verbindliches Recht, will sagen:
den Staat, schaffen. Wenn man es genau nimmt, heißt das

sogar, daß Gewalt und persönliche, willkürliche Macht beseitigt, jedenfalls soweit wie möglich beschränkt werden. An ihre Stelle tritt die gebändigte Macht, die Herrschaft. Aus Willkür wird Berechenbarkeit, Regel. Das ist nicht nur angenehm. Ganz immun sind Liberale ja nicht gegen die Reize der Anarchie. Sie wollen immer die ganze Freiheit, und ihnen fällt die Bändigung ihrer Sehnsucht nicht leichter als der Gesellschaft die Bändigung der Macht. Aber sie sehen, daß unstrukturierte Gewalt genau den Fortschritt menschlicher Lebenschancen verhindert, den strukturelle Herrschaft erlaubt. Diese Möglichkeit zu schaffen, reicht gewiß nicht aus. Sie muß auch genutzt werden. Aber sie bildet die Grundlage der Freiheit, die in den OECD-Ländern herrscht.

OECD-Länder: das ist eine von mehreren nützlichen Chiffren. Sie umfaßt die Mitgliedsstaaten der Organisation für Wirtschaftliche Zusammenarbeit und Entwicklung (Organization for Economic Co-operation and Development). Nicht alle reichen Länder gehören dazu, aber doch die meisten. Die OECD versammelt den Club der Reichen. Es gibt zwei oder eher zweieinhalb andere Clubs, in die unsere Welt zerfällt. Da ist einmal der RGW, der Rat für Gegenseitige Wirtschaftshilfe, nach seiner englischen Bezeichnung auch Comecon (Council for Mutual Economic Assistance) genannt. Ihm gehören die mehr oder minder entwickelten Länder des realen Sozialismus an. Und dann gibt es die Gruppe der 77, die inzwischen weit über 100 Entwicklungsländer umfaßt. Sie ist so heterogen wie die anderen Gruppen auch; selbst in der offiziellen Sprache der internationalen Bürokratie wird zwischen »ldcs« (*less developed countries* = weniger entwickelten Ländern) und »lldcs«

(*least developed countries* = am wenigsten entwickelten Ländern) unterschieden. Wichtiger sind indes die Länder, die auf dem besten Wege sind, die Gruppe der 77 zu verlassen und dem Club der Reichen beizutreten. Die ölproduzierenden Länder der OPEC gehören dazu, aber auch die weitere Gruppe der »nics« (newly industrialized countries = neu industrialisierten Länder), also der Schwellenländer. Die Unterscheidungen haben nicht nur bürokratische Bedeutung. Von allen drei oder dreieinhalb Gruppen wird noch zu sprechen sein. Aber die bestimmende Kraft unserer Welt sind doch nach wie vor die Länder der OECD. Darum ist ihr Schicksal für alle anderen entscheidend.

Dies sind schlechte Zeiten für Liberale in den OECD-Ländern. Der Grund dafür ist einfach: Es sind Zeiten der Angst. Liberale sind selbstbewußte Menschen; selbstbewußte Menschen sind liberal. Zeiten der Angst dagegen treiben Menschen in die Arme von Propheten oder in die behagliche Welt von Gewohnheiten, nach Jonestown oder an den heimischen Kachelofen, zum Glauben an wilde, oft utopische Versprechungen oder zur Rückkehr zum Bekannten und Vertrauten. Kein Zweifel; schlechte Zeiten für Liberale sind überhaupt schlechte Zeiten.

Es gibt drei große Gründe für die Angst, die sich in den meisten OECD-Ländern seit den siebziger Jahren ausgebreitet hat. Der erste Grund liegt in einer tiefgreifenden wirtschaftlichen Klimaveränderung. Innerhalb weniger Jahre ist das am Ende beinahe selbstverständlich gewordene Wunder der fünfziger und sechziger Jahre zerstoben. 1971 zerbrach das Weltwährungssystem. Die Hoffnungen, die viele auf das Floating, also auf freie Wechselkurse, gesetzt hatten, erfüllten sich nicht. Währungsunsicherheit ist zum Symptom eines allgemeinen Vertrauensverlustes geworden. 1972 veröffentlichte der Club of Rome seinen ersten Bericht über »Die Grenzen des Wachstums«. Der Bericht hat kritische Geister nicht überzeugt; aber er hat einer Thematik Sprache verliehen, die seitdem nicht mehr verschwunden ist. Sie zieht sich noch wie ein roter Faden durch die offiziöse amerikanische Studie »Global 2000«.

1973 brachte der Yom-Kippur-Krieg die erste große Ölkrise. Inzwischen haben wir uns an massive Erhöhungen des Ölpreises so sehr gewöhnt, daß die zweite Welle von 1979/80 nur noch die Experten beunruhigt hat. Aber das Bild der leeren Autobahnen im Winter 1973/74 bleibt in der Erinnerung vieler haften. Es kann auch ganz anders kommen, als es bisher war. Alle Wirtschaftsnachrichten der letzten Jahre verstärken diese Angst. Die Inflation ist zum ständigen Begleiter geworden; schon jubeln Regierungen, wenn es ihnen gelingt, sie auf fünf Prozent hinabzudrücken. Die Arbeitslosigkeit steigt und steigt. Und das Wirtschaftswachstum bleibt allenfalls bescheiden. In der Tat ist ein neuer Begriff erfunden worden, der die absurde Verbindung von Wachstumshoffnung und Realität anschaulich illustriert: negatives Wachstum. Es gibt kaum ein OECD-Land, das nicht mindestens ein Jahr negativen Wachstums erlebt hat.

Das alles heißt, daß viele angesichts der Zukunft die Augen niederschlagen, wenn nicht wegblicken. Noch sprechen wir von »langanhaltender Rezession«, aber im stillen denkt mancher schon »Depression« oder auch, daß sieben, wenn nicht 25 magere Jahre dem fetten Vierteljahrhundert des Wunders folgen werden. Was immer heute getan wird, erscheint daher wie ein verzweifeltes Festzurren der Ladung vor dem Sturm. Manches ist ohnehin bereits über Bord gegangen. Die Diskussion um die öffentlichen Haushalte und die Staatsverschuldung ist Inbegriff der Thematik von morgen, die da lautet, Schlimmeres zu verhüten. Es gab Zeiten, in denen ein Gefühl des Aufbruchs sich ausbreitete. Sowohl der große wirtschaftliche Aufbruch, der in den meisten OECD-Ländern um 1948 begann, als auch der große soziale Aufbruch, der zwanzig Jahre später seinen Höhepunkt erreichte, belebte die Menschen, machte Indolente aktiv, Ängstliche selbstbewußt, eröffnete Hoffnungen und neue Lebenschancen. Heute ist die Verteidigung des Bestehenden das Gebot der Stunde. Allerdings ist das Wirtschaftswunder fast zu einem Teil der »FDGO«, der freiheitlich-demokratischen Grundordnung geworden – so tief sitzt es in der Seele der Bundesrepublik. In kaum einem anderen Land schmerzt daher negatives Wachstum mehr. Aber Tatsache ist: wir gehen nicht vorwärts, sondern versuchen zu verhindern, daß wir allzu weit zurückfallen. Schon läuft die Rolltreppe des Fortschritts rückwärts, und wir müssen uns anstrengen, um auch nur auf der Stelle zu treten.

Dabei macht die sozialökonomische Klimaveränderung nur einen Teil der Wandlungen aus, die seit den siebziger Jahren stattgefunden haben. Zu gleicher Zeit haben manche sozialen Fortschritte der letzten Jahrzehnte sich als durchaus zweischneidig erwiesen. Damit sind jetzt nicht in erster Linie Entwicklungen der Sozialpolitik gemeint; vielmehr hat ein säkularer Prozeß in den Jahren des Wirtschaftswunders seine Vollendung gefunden. Es handelt sich um das Sichlösen des Menschen aus seiner selbstverschuldeten Unmündigkeit. Daß sie, in Immanuel Kants Worten, selbstverschuldet war, mußte ja heißen, daß sie von Menschen verschuldet war. Also galt es, feudale Bindungen aufzubrechen, Klassensolidarität überflüssig zu machen, örtliche und regionale Zugehörigkeiten durch Mobilität zu relativieren, den großen unfreiwilligen Bindungen – sei es der Religion, sei es der Familie – einen freiwilligen, einen Wahlcharakter zu geben. Wahl, Option war überhaupt das Gebot der Stunde. Um Optionen zu steigern, wurden nicht nur Hindernisse abgebaut, sondern auch Chancen eröffnet: Bildungschancen, Einkommenschancen, Teilnahmechancen.

Das alles ist ein vertrauter Prozeß. Er ist mittlerweile in das Vokabular von Schulbüchern eingegangen, und zwar nicht nur in sozialdemokratischen Ländern. Am Ende des Prozesses steht eine beinahe unbestrittene Kreatur: der mündige Bürger. Der mündige Bürger gestaltet sein Leben durch freie Entscheidungen. Nachdem die Gemeinschaft ihm oder ihr alle Chancen, die ihm oder ihr nicht von vornherein offenstanden, eröffnet hat, gehen er oder sie, wo immer sie ihre Talente, Wünsche und Interessen hinführen. Vom Kindergarten an wird ihre Welt antiautoritär; Beziehungen mit anderen vollziehen sich in herrschaftsfreier Kommunikation; es fallen alle Tabus, bis die Entnormierung des Lebens wieder ganz nahe an die Anfänge des Gesellschaftsvertrages zurückführt. Zu Rousseaus »Émile«? Das ist ein liberaler Traum. Ja, es war und ist nötig, Wahlchancen zu eröffnen. Es war und ist nötig, Minderheiten zu tolerieren. Es war und ist nötig, ungefragte Autoritäten zum Reden zu bringen. Und doch sind die Lehr- und Wanderjahre des mündigen Bürgers an einem bestimmten Punkt umgeschlagen. Da stand nun der ratlose Bürger, der gleichsam alles darf, aber nicht recht weiß, was er soll oder sogar will. Scheidungsziffern mag man noch als Symptom einer freien Gesellschaft akzeptieren   aber wie steht es mit der Zahl der Drogenabhängigen, der psychisch Gestörten, der mehr oder minder freiwillig aus dem Leben Geschiedenen? Haben wir vielleicht Rousseau gesucht, aber Hobbes gefunden? Wie läßt sich eigentlich der Zusammenbruch von Recht und Ordnung erklären, der so viele Leben verändert hat? Und wie vor allem steht es mit dem fast existentialistischen Ekel der verbreiteten Langeweile, die dann in *actes gratuites,* in sinnlosen Taten zum Beweis der eigenen Existenz (zu denen man wohl noch bestimmte Exzesse des Terrorismus rechnen muß), explodieren kann? So, wie er gedacht war, ist der mündige Bürger nicht recht lebensfähig. Er ist vielmehr ein ängstlicher, ein verängstigter Bürger.

Er ist daher auch anfällig für die dritte große Bedrohung der Zeit, bei der es um Leben und Tod geht oder vielmehr darum, ob die Erde zu einem Planeten der Gräser und Insekten wird. Es ist nicht ganz leicht zu erklären, warum zuerst der Raubbau an Ressourcen, dann die Verpestung unserer Umwelt und am Ende die nukleare Todesgefahr das öffentliche Bewußtsein in den letzten Jahren so rasch und so gründlich erobert haben. Aber alle drei Gefahren existieren real, und sie steigern die ohnehin verbreitete Angst, bis sie sich jeder Therapie zu entziehen scheint.

Das Problem der Ressourcen ist möglicherweise am ehesten zu bewältigen. Weithin freiwillige Formen der Konservierung von Energie sind ein Beispiel; in der Nahrungsmittelversorgung gibt es andere. Die meisten Menschen, die an Hunger und heilbaren Krankheiten sterben, haben nicht daran gelitten, daß es Nahrung und Medikamente nicht gab, sondern daß diese nicht zu ihnen gelangt sind. Menschliche Nächstenhilfe und soziale Organisation sind da mindestens so wichtig wie die Produktion von Gütern.

Das Problem der Umweltgefährdung ist schon sehr viel weniger leicht zu bewältigen, und das nicht erst seit der Entdeckung des sauren Regens. Der Raubbau am oberen Ganges, in Java und im Amazonas-Gebiet beeinflußt inzwischen das Klima in vielen Teilen der Welt. In welchem Maße wir die Ozonschicht der Atmosphäre, die unser Leben erhält, zerstören, ist umstritten, aber die Frage steht im Raum. Unter dieser Glasglocke sieht es ohnehin schlimm genug aus. Der Anblick von Gewässern mit Schaumbergen und Fischleichen, die Atemlosigkeit von Städten wie Athen oder Ankara, der allesumhüllende Lärm des modernen Lebens sind nur Beispiele. Wer immer mit seiner Spraydose auf die Betonbrücke bei der Autobahneinfahrt nach Zürich den Spruch »Willkommen in Babylon« gespritzt hat, mag nicht gewußt haben, daß in der babylonischen Sprachverwirrung der Zeit für manche Babylon das gelobte Land geworden ist; aber die betonierte Welt, in der wir zu leben versuchen, hat etwas leblos Lebensfeindliches.

Das alles wird überschattet von der äußersten Bedrohung durch nukleare Vernichtungswaffen. Der bewußte Konkurrenzkampf um die Fähigkeit zum mehrfachen *overkill*, in den die beiden nuklearen Supermächte in den letzten Jahren eingetreten sind, hat vielen den Wahnsinn des Unternehmens erneut ins Bewußtsein gerufen. Die Diskussionen über »kleine« nukleare Kriege, seien sie »taktische« Auseinandersetzungen zwischen den Supermächten oder Kriege von Mächten, die dank der Verantwortungslosigkeit der ersten Nuklearmächte zu Atombomben gekommen sind, verschärfen noch die Gefahr. Die Waffen sind da, und die menschliche Natur hat sich nicht geändert. Kann man irgend jemand die Angst verübeln, die er angesichts dieser Perspektive verspürt?

Es ist also keine neurotische Verirrung, kein Hirngespinst, wenn die Menschen in den OECD-Ländern es mit der Angst zu tun kriegen. Es ist insbesondere kein Hirngespinst allein der Deutschen. Von ihnen soll in dieser Schrift vornehmlich die Rede sein, wenn es auch wichtig ist, dabei die Barrieren der Provinzialität zu durchbrechen und die Zusammenhänge zu sehen, aus denen Deutschland sich nicht befreien kann oder soll. Die nukleare Gefahr wird aber besonders empfunden in einem Land, das zumindest bei einem europäischen Krieg der Kriegsschauplatz wäre, einem Land zudem, dessen Bewohner in den beiden Hälften in einem Krieg gegeneinander anzutreten hätten. Das wirkt aus britischer und selbst aus französischer Perspektive nicht ganz so unmittelbar.

Das sind düstere Aussichten, nicht nur für Liberale. Was tun? Es ist dumm, nach Australien oder auf die Jungferninseln zu emigrieren in der Hoffnung, daß die Dämonen der Zeit einen dort vergessen. Es ist feige, sich jammernd und wehklagend in eine neue Emigration zurückzuziehen. Es ist unwürdig, falschen Propheten nachzulaufen oder abgelegte Gewohnheiten wieder aus der Mottenkiste zu holen. Wir müssen vielmehr wieder ganz von vorne anfangen mit unserem Nachdenken darüber, was denn Freiheit morgen bedeutet und wie wir sie gewinnen können. Dabei ist nichts gegeben, nichts selbstverständlich, sondern alles neu zu begründen. Wir müssen daher zunächst einmal verstehen, was denn um uns herum geschehen ist. Denn die Welt von morgen wird mit Sicherheit anders sein als die von gestern.

Am Ende des sozialdemokratischen Jahrhunderts

*In seinen besten Möglichkeiten war
das Jahrhundert sozial und demokratisch.
An seinem Ende sind wir (fast) alle
Sozialdemokraten geworden.*

Ein Themenwechsel findet statt. Die Annahmen der Welt von gestern helfen uns nicht weiter bei der Bewältigung der Probleme von morgen. Morgen ist nicht die Fortsetzung von gestern. Morgen ist auch nicht das Gegenteil, schon gar nicht die Rückkehr zu einem aufgemöbelten Vorgestern. Morgen wird anders sein.

Das Thema, das sich verändert, trägt einen Namen: Sozialdemokratie. Damit ist nicht nur der Name einer Partei gemeint. Viele Parteien und Gruppen haben daran mitgewirkt, das sozialdemokratische Jahrhundert, das hinter uns liegt, zu gestalten – Liberale und Demokraten, Volksparteien und Republikaner, Zentrumsparteien und Radikale, schließlich sogar Konservative. Dennoch ist der Ausdruck »sozialdemokratisch« berechtigt. In seinen besten Möglichkeiten war das Jahrhundert sozial und demokratisch. An seinem Ende sind wir (fast) alle Sozialdemokraten geworden. Wir haben alle ein paar Vorstellungen in uns aufgenommen und um uns herum zur Selbstverständlichkeit werden lassen, die das Thema des sozialdemokratischen Jahrhunderts definieren: Wachstum, Gleichheit, Arbeit, Vernunft, Staat, Internationalismus.

Das sind Vokabeln. Zu ihnen gehören Annahmen, die

noch zu formulieren sind. Meine These lautet: diese Annahmen stimmen heute allesamt nicht mehr. Wir erleben das Ende des sozialdemokratischen Jahrhunderts in der OECD-Welt. Vor dem Grabgesang ist es aber notwendig, die Errungenschaften dieser Epoche zu nennen.

Sie haben den Menschen der entwickelten Welt unvergleichliche Fortschritte an Wohlfahrt und Lebenschancen gebracht. Das gilt im engeren Sinn der wirtschaftlichen Wohlfahrt ebenso wie im weiteren Sinn des zivilisierten Lebens. Noch nie haben so viele Menschen so breitgefächerte Möglichkeiten gehabt wie am Ende der sozialdemokratischen Epoche. Überdies darf kein Zweifel daran gelassen werden, daß manche sich von dieser Epoche und ihren Annahmen noch eine Verbesserung ihrer Lebenslage erhoffen können. Das sozialdemokratische Programm wird nie vollständig verwirklicht sein und ist es heute gewiß nicht. Auch wenn eine Epoche zu Ende geht, sollte man sich hüten, die Sozialdemokratie abzuschreiben.

Ein Verdienst der sozialdemokratischen Epoche ist vor allem festzuhalten, das trotz allen Mutes einzelner Liberaler und Konservativer als ein besonderes Verdienst von Sozialdemokraten im parteipolitischen Sinn zu werten ist. Sie vor allem haben das, was wir etwas lose Demokratie nennen, durchgesetzt und verteidigt. Die Verbindung von Rechtsstaat und den Institutionen der offenen Gesellschaft ist die politische Form der sozialdemokratischen Epoche. In diesem schrecklichen Jahrhundert stand sie nur allzuoft unter dem Druck von Tyrannen. Sozialdemokraten haben sie gegen den Hitlerismus wie den Stalinismus verteidigt. Gewiß waren Sozialdemokraten immer wieder aus ihren eigenen Reihen in ihren demokratischen Überzeugungen bedroht;

aber die meisten haben auch diesen Bedrohungen standge-
halten. Wenn also von einer nach-sozialdemokratischen
Gesellschaft und Politik die Rede ist, dann wird der Fortbe-
stand, ja die Fortentwicklung von Rechtsstaat und demokratischen Institutionen nicht in Frage gestellt. Genau wie
diese nicht etwa nur für einen bestimmten, privilegierten
Teil der Welt, sondern grundsätzlich überall Geltung haben
sollten, so müssen sie die inhaltlichen Wandlungen der
sozialdemokratischen Epoche überdauern.

Denn sonst gibt es nicht viel, woran festgehalten werden
kann. Schon die Entfaltung der Stichworte Wachstum,
Gleichheit, Arbeit, Vernunft, Staat, Internationalismus zeigt
alle Schwächen, die das sozialdemokratische Thema unter
veränderten historischen Bedingungen hat.

Wachstum. Wirtschaftswachstum bildet das Kernstück
des Themas, von dem hier die Rede ist. Ohne Wachstum
gibt es keine sozialdemokratische Gesellschaft. Insoweit ist
das Thema spezifisch modern; insoweit ist es aber auch
immer gefährdet. Die Zwischenkriegszeit vor allem liefert
hinlänglich Illustrationen für solche Gefährdung. Alle Institutionen der sozialdemokratischen Gesellschaft sind um
Wirtschaftswachstum herum aufgebaut. Das gilt noch für
die demokratische Konkurrenz der Versprechungen, sicher
aber für den Sozialstaat und überhaupt für die Dimension
der Erwartungen der Menschen. Die Gleichung von mehr
und besser ist dabei entscheidend.

Übrigens gehört zur sozialdemokratischen Liebe des Wirtschaftswachstums, nein: zu dessen Notwendigkeit nicht
eigentlich ein Ordnungsprinzip. Gewiß haben Sozialdemokraten sich schon früh gegen die Welt des *laissez faire*
gewendet und nur ungern vom Markt gesprochen. Insoweit

sind sie mit verantwortlich für die Entstehung der mehr oder minder gemischten Volkswirtschaften der Gegenwart. Aber es spricht vieles dafür, daß eben diese privat-öffentliche Mischung der Eigentumsverhältnisse, verbunden mit einer durchaus pragmatischen Wirtschaftspolitik, zumindest in den letzten Jahrzehnten eine Bedingung der Möglichkeit des Wachstums war.

Bleibt die Frage: Was geschieht, wenn aus irgendwelchen Gründen Wirtschaftswachstum für längere Zeit nicht mehr in ausreichendem Maße erreichbar ist?

Gleichheit. Das soziale Motiv stand im Vordergrund der frühen Sozialdemokratie. Es war indes immer mit dem Wirtschaftswachstum gekoppelt; in jüngster Zeit, etwa in dem Buch von Herbert Ehrenberg und Anke Fuchs über »Sozialstaat und Freiheit«, sogar ganz ausdrücklich. Das soziale Motiv war ein Motiv der Gerechtigkeit, und Gerechtigkeit hieß in erster Linie größere Gleichheit. Der Begriff ist vieldeutig. Er ist es in diesem sozialdemokratischen Jahrhundert auch immer geblieben. Gleichheit kann bedeuten, daß der Abstand etwa zwischen den höchsten und den niedrigsten Einkommen verringert werden muß, bis er schließlich nicht mehr erheblich ist. Gleichheit kann auch heißen, daß ein Mindesteinkommen für alle garantiert sein muß, das ein anständiges Leben erlaubt. Das erste ist Gleichmacherei, das zweite ist Gleichheit der Staatsbürgerrechte. Von beidem ist, wie gesagt, etwas in die Entwicklung des letzten Jahrhunderts eingegangen. Progressive Besteuerung und Minimallohn, Gesamtschule und ein Bürgerrecht auf Bildung, nationales Gesundheitswesen und Grundversorgung sind Beispiele für das eine wie das andere.

Entscheidende Wirkung hat wahrscheinlich das Element

der Bürgerrechte erzielt. Darüber, daß sich Einkommens-
unterschiede in freien Ländern kaum verringert haben, wird
viel diskutiert. Vielleicht stoßen wir hier auf die von Fred
Hirsch (»Soziale Grenzen der Gleichheit«) so eindringlich
entwickelte These, daß Gleichheit unmöglich sei. Aber das
Netz sozialer Sicherheit, zusammen mit faktischen oder
rechtlich garantierten Reallöhnen und mit gewissen mehr
oder minder ausdrücklich fixierten Rechten, hat in allen
OECD-Ländern einen Fußboden in das Gebäude der Gesellschaft eingezogen, der solide scheint und auf einem ansehn-
lichen Niveau liegt.

Bleibt die Frage: Was geschieht, wenn die Aufrechterhaltung dieses Niveaus sich nicht mehr finanzieren läßt, sei es
aus Geldmangel, sei es, weil der Prozeß selbst immer teurer
wird?

Arbeit. Sozialdemokratische Parteien sind nicht nur
Arbeiterparteien gewesen, sondern immer Arbeitsparteien
geblieben. Die Wachstumsgesellschaft, von der hier die Rede
ist, war auch eine Arbeitsgesellschaft. Das Leben der Menschen war um die Arbeit herum geformt. Ausbildung galt
den Fertigkeiten der Arbeitswelt, Freizeit der Erholung für
neue Arbeit, der Ruhestand als Lohn für ein Leben der
Arbeit. Arbeit war zudem nicht nur Notwendigkeit zum
Erwerb des Lebensunterhalts, sondern auch an sich wert-
voll. Man war stolz auf die Arbeit und die Arbeitsleistung.
Faulheit war verpönt. Das Bild des arbeitenden Menschen
galt geradezu als Idealbild dieser Gesellschaft.

Bleibt die Frage: Was geschieht, wenn – um mit Hannah
Arendt zu sprechen – der Arbeitsgesellschaft die Arbeit aus-
geht?

Vernunft. Rationalität ist ein so schillernder Begriff, daß man zögert, ihn ohne längeren Exkurs zu verwenden. Dies läßt sich immerhin sagen: Das sozialdemokratische Jahrhundert war auch ein Jahrhundert des Glaubens an die Fähigkeiten der menschlichen Vernunft. Das galt nicht nur in einem nebelhaft abstrakten Sinne. Da war der Glaube an die Wissenschaft und ihren Fortschritt. Da war der Glaube an die Technik und ihre Fähigkeit, zur Verbesserung menschlichen Lebens beizutragen. Da war der Glaube an die Erziehung und die Möglichkeit, Menschen zum richtigen Gebrauch der Vernunft zu bewegen. Da war der Glaube an die Möglichkeit, vernünftige Politik zu betreiben. In der Tat steckt in all diesen Überzeugungen ein gehöriges Stück der Überzeugungen des englischen Philosophen und Volkswirts John Stuart Mill, also die Annahme, daß jeder Mensch in sich das Licht der Vernunft trage, das ihn befähige, an allen Entscheidungen teilzunehmen. Auch der Mill'sche Positivismus muß da erwähnt werden, oder vielleicht der Positivismus der Fabier, die zusammen mit Kautsky und Bernstein das sozialdemokratische Jahrhundert eingeläutet haben. Sidney Webb etwa, eine der führenden Persönlichkeiten der »Fabian Society«, war überzeugt, daß wissenschaftliche Forschung am Ende seine politischen Überzeugungen bestätigen würde. Spätere Sozialdemokraten waren weniger hoffnungsfroh. Helmut Schmidt und Bruno Kreisky neigten eher dazu, sich auf Karl Poppers experimentellen Ansatz zu verlassen. Aber auch sie noch hatten jenen Optimismus der Vernunft, die den mündigen Menschen langsam, aber sicher bewegt.

Bleibt die Frage: Was, wenn auf einmal ganz neue Haltungen Raum gewinnen, die Wiederkehr des Heiligen vielleicht, oder eine neue Sozialethik, oder gar die Angst?

Staat. Das sozialdemokratische Jahrhundert hat zu seinem Vorteil mehr von Kant und Popper als von Hegel und seinen rechten oder linken Nachfahren gelernt. In der Tat waren letztere die großen, die mörderischen Störenfriede des Jahrhunderts. Doch in einer Hinsicht ist ein Hegel'sches Element unübersehbar. Wenn der Staat schon nicht als Wirklichkeit der sittlichen Idee verstanden wurde, so sah man in ihm doch den wohlwollenden Förderer aller wünschenswerten und notwendigen Dinge. Der wohlwollende Staat ist die zentrale Instanz sozialdemokratischen Handelns.

Natürlich war der Staat als Instrument der Sozialpolitik unentbehrlich. Er wurde zur Drehscheibe einerseits von individuellem Beitrag und gemeinschaftlicher Verteilung, andererseits von Verteilungsentscheidung und individuellem Empfänger. Daß die Drehscheibe bei diesem Unternehmen wuchs und wuchs, mußte in Kauf genommen werden. Es änderte nichts an der Hoffnung, das wohlwollende Instrument auch für andere Zwecke einzusetzen, zum Beispiel für die Wirtschaftspolitik. Beveridge und Keynes, der Vater des Sozialstaates und der Vater der modernen Wirtschaftspolitik, brauchten beide den Staat. Übrigens waren beide Liberale und nicht Partei-Sozialdemokraten.

Bleibt die Frage: Was, wenn die Hoffnungen der Menschen sich auf einmal vom Staat abwenden, weil er nicht mehr als wohlwollend empfunden, sondern als teurer Versager gesehen wird?

Internationalismus. Spätestens die Abstimmungen über Kriegskredite im Jahre 1914 haben gezeigt, daß Sozialdemokraten zu keiner Zeit Vaterlandsverräter waren. Aber zu ihrer und des Jahrhunderts Grundhaltung gehörte auch der

Versuch, über die Grenzen der eigenen Nation hinauszugreifen. Das Ziel war dabei einmal der Frieden, dann aber auch der Handel und in einem allgemeinen Sinn die Freundschaft der Völker. Die großen internationalen Organisationen sind ein Werk dieses Jahrhunderts. Sie können zwar den alten Traum der Weltregierung zum Zweck des ewigen Friedens nicht einlösen. Auch sind fast ebenso viele, wie gegründet worden sind, wieder im immerwährenden Schatten der Geschichte verschwunden. Aber die beiden Weltkriege haben doch Anlaß gegeben für einen großen Aufschwung des Internationalismus. Nach dem Zweiten Weltkrieg zumal sind politische und wirtschaftliche Organisationen entstanden, die einen wesentlichen Beitrag zu jenem goldenen Vierteljahrhundert geleistet haben, das nun wohl endgültig hinter uns liegt. Einige dieser Organisationen, wie der Weltwährungsfonds und die Weltbank, haben noch heute wirksame Funktionen. Sie sind ein Stück einer vernünftigeren, friedlichen Welt.

Bleibt die Frage: was geschieht, wenn ein neues sozialökonomisches Klima die Völker und ihre Regierungen wieder stärker nach innen blicken läßt? Was auch, wenn an die Stelle der Hoffnung auf internationale Zusammenarbeit der umgekehrte Blick auf kleinere Einheiten vorherrscht?

Wer wollte es leugnen: das sozialdemokratische Programm ist, selbst in der knappen Skizze, in der es hier vorgeführt wurde, attraktiv. Es ist übrigens, um das noch einmal zu betonen, nicht das Programm irgendeiner Partei. Es ist vielmehr das Thema einer Epoche, eines Jahrhunderts vielleicht. Es ist überdies das Thema der besten Möglichkeiten dieser Epoche. Als solches ist es attraktiv. Nur eben: es ist ein Thema von gestern. Das gilt nicht nur, weil ungewollte

Entwicklungen den Annahmen dieses Themas den Boden entzogen haben. Es gilt vor allem, weil das Thema seine Möglichkeiten erschöpft hat. Was immer hier und da noch nötig und möglich sein mag, die neue Freiheit ist nicht mehr die Freiheit der sozialdemokratischen Thematik. Das Thema verändert sich nicht nur, sondern wir müssen das Thema wechseln. Mehr Lebenschancen für morgen verlangen eine neue Thematik.

Das ist alles noch sehr allgemein. Es ist daher am Platz, von der Bundesrepublik zu sprechen und von dem Punkt, an dem diese heute angelangt ist.

Zwischenbilanz der Bundesrepublik

*Eine neue Gesellschaft fand das ihr
entsprechende politische System.*

Die Bundesrepublik Deutschland hat (bisher) eine glückliche
Geschichte gehabt. Es ist wichtig, das zu betonen, weil
gerade jetzt so gerne von der »Wende« oder auch der »Tendenzwende« die Rede ist. Derlei Vokabeln können zweierlei
heißen, und in beiden Bedeutungen sind sie für den, der die
offene Gesellschaft will, irreführend. »Wende« kann einmal
unterstellen, daß wir seit Jahren in die falsche Richtung
gegangen seien und es nun Zeit werde, umzukehren. Das ist
eine bei der CDU/CSU beliebte Ansicht. Ihre Sprecher sagen,
daß eben alles falsch gelaufen sei, seit Willy Brandt und
Walter Scheel 1969 die Regierung bildeten, und daß man
daher nun mühsam zurückbuchstabieren müsse, was seither
fälschlich in das Buch der deutschen Geschichte geschrieben
worden sei. Man müsse die »Erblast« abtragen.

Eine solche Auffassung ist nicht nur ungeschichtlich und
schon deshalb abwegig – sie ist auch gefährlich. Wer
Geschichte zurückbuchstabieren will, erntet mit ihren alten
Problemen eine ganze Fülle von neuen dazu. Übrigens verrät
diese Haltung eine sehr deutsche Krankheit: Uneinigkeit
über die Vergangenheit, Suche nach Einigkeit über die
Zukunft. So denkt eine Nation, die nicht nur angesichts
aktueller Probleme eine allenfalls verständliche Angst hat,

sondern die zutiefst ängstlich, nämlich mit sich selbst nicht im reinen ist. Denn umgekehrt wird ein Schuh daraus: In einem selbstbewußten Land herrscht Einigkeit über die Geschichte, während für die Zukunft ganz unterschiedliche Entwürfe miteinander konkurrieren.

Die Rede von der »Wende« ist im übrigen schon darum so unsinnig, weil es gar nicht so schwierig ist, sich über die Geschichte der Bundesrepublik einig zu werden. Gewiß, als viele Adenauer wählten, gehörte ich zu den fast ebenso vielen anderen, die ihm höchst kritisch gegenüberstanden. Wir mokierten uns über Seebohm, gingen auf die Straße gegen Strauß, beklagten die, wie wir meinten, unsoziale Politik der Regierung ebenso wie ihre sklavische Westorientierung. Aber heute, Jahrzehnte später, finde ich es nicht mehr schwierig zu sagen: Adenauer und Erhard haben Großes für unser Land geleistet.

Sie haben das Klima der Zeit genutzt und dadurch das Wirtschaftswunder ermöglicht. Das war mutig. War es auch richtig? Ich erinnere mich noch, wie mein Vater, damals als Vizepräsident des Wirtschaftsrates der Bizone mit Ludwig Erhards Gedankengängen vertraut, Briefe von seinen SPD-Parteifreunden in Hamburg bekam, die ihn anflehten, die Aufhebung der Rationierung zu verhindern: Sie diene doch nur den Reichen; für die Armen bliebe dann gar nichts mehr. Mein Vater schrieb zurück, es seien genug Lebensmittel da für alle, man müsse sie nur vom schwarzen auf den weißen Markt befördern. Nach einem kurzen Schluckauf der Versorgung erwies sich diese – Erhards – Auffassung als richtig. Mehr als das, sie bewirkte jene Anreize für die deutsche Wirtschaft, die den Wohlstand ermöglicht haben, einen Wohlstand, um den sich heute manche sorgen, während andere ihn verketzern. Wohlstand hieß alsbald Wohlfahrt im weiten Sinne der Wohlfahrtsökonomie; der Wohlstand hat enorme Lebenschancen für viele Menschen geschaffen. Ja, es war richtig, diesen Weg zu gehen. Hätten die westlichen Besatzungszonen 1948 eine sozialistische Politik gewählt, dann wäre die Bundesrepublik später den britischen Weg des zögernden, langsamen, unzulänglichen Wachstums gegangen.

Es wäre unehrlich, nicht anzumerken, daß die Marktwirtschaft, die den Wohlstand ermöglicht hat, in der Tat sozial war. Das deutsche Rentensystem stammt aus jener Zeit und mit ihm viele andere Elemente des Netzes sozialer Sicherheit. Das heute als zu teuer verschriene Netz stammt im wesentlichen von denen, die es jetzt verschreien.

Ist die Marktwirtschaft Ludwig Erhard und ihr soziales Element den Resten des alten Zentrums in der CDU/CSU zu verdanken, so gehört die Einbindung Deutschlands in die freie Welt eindeutig auf Adenauers Konto. War sie richtig? Nun, sie war gewiß umstritten. Von den Demonstrationen gegen die Wiederbewaffnung bis zu den harten Redeschlachten im Deutschen Bundestag um die Ratifizierung der Europa-Verträge gab es immer Pro und Contra. Wie sich das in einer Demokratie gehört, muß man hinzufügen. Denn wenn die deutsche Demokratie sich auch erst 1969 durch den Machtwechsel wirklich bewährt hat, war sie doch von Anfang an eine lebendige Form der institutionell gefaßten politischen Auseinandersetzung. Entgleisungen wie Schumachers »Bundeskanzler der Alliierten« oder die *Spiegel*-Affäre blieben selten. Eine neue Gesellschaft fand das ihr entsprechende politische System.

Anfang der sechziger Jahre schrieb ich mein Buch über

»Gesellschaft und Demokratie in Deutschland«. Damals entwickelte ich die These, daß nunmehr die Modernisierung Deutschlands vollzogen sei und daß sie in der Bundesrepublik zur ersten wirklichen Chance eines freien, ja vielleicht eines liberalen Gemeinwesens geführt habe. Ich bin also weder der Meinung, die Bundesrepublik habe auf dem falschen Fuß – »restaurativ« – begonnen, noch halte ich einen Machtwechsel für katastrophal. Im Gegenteil: die Bundesrepublik hat richtig begonnen, und Machtwechsel bestätigen das.

Aber zurück zur Westpolitik: Die europäische Einbindung war im Bundestag vor allem darum umstritten, weil Thomas Dehler und andere meinten, sie würde die Deutschlandpolitik, also die Wiedervereinigung, erschweren. Es ist hoffentlich nicht nur die Schwäche Europas und insonderheit der Europäischen Gemeinschaft, die diesen Einwand heute entfallen läßt. Nein, heute ist wohl jedermann klar, daß es ungeteilte nationale Souveränität nicht mehr gibt. Nur durch die gemeinsame Ausübung von Souveränität können Länder noch ihre eigenen Angelegenheiten gestalten. Auch Deutschlandpolitik wird es in Zukunft nur mehr im europäischen Zusammenhang geben. Ein einiges Deutschland ist realistisch nur im Kontext eines Europa, dessen Grenze weder an der Elbe noch an der Oder liegt. Europa, auch die deutsche Europapolitik, hat viele Schwächen. Beide Begriffe sind von Phrasen umlagert, die den wenigsten etwas bedeuten. Als ich selbst von meinen Erfahrungen als Mitglied der Kommission der Europäischen Gemeinschaften berichtete, stieß ich stets auf höfliche Langeweile. Und als ich mich dann unter dem Pseudonym »Wieland Europa« deutlicher äußerte, setzte das Europäische Parlament mich auf die

Anklagebank. Aber die tausend Mängel dessen, was ich das Erste Europa genannt habe, ändern nichts daran, daß Deutschland Teil des Zweiten, des auf Interessen und Kooperation gegründeten Europa sein muß – und daß wir ein Drittes Europa suchen müssen, in dem beide Deutschland ihren Platz haben.

Schwieriger ist es mit der NATO. Adenauer, der Alt-Oberbürgermeister von Köln, der als Präsident des Preußischen Staatsrates immer nur mit Zögern die Elbe überquerte, um nach Berlin zu fahren, hat das verbleibende westliche Deutschland zum Teil der freien Welt gemacht. Wer wollte daran etwas aussetzen, soweit es um den Weltwährungsfonds (IMF), das Allgemeine Zoll- und Handelsabkommen (GATT) oder auch die OECD und die Europäische Gemeinschaft ging? Aber auch das Verteidigungsbündnis der NATO war nötig. Stalin, neben Hitler der andere große Massenmörder kraft Amtes in unserem Jahrhundert, war auch Imperialist. Seine Nachfolger mögen das als Personen weniger sein; sie haben ohnehin genug damit zu tun, ihr bröckelndes Imperium zusammenzuhalten. Aber Kriegsmaschinen entwickeln eine furchtbare Eigengesetzlichkeit. Das erleben wir heute ja besonders eindringlich. Zugleich waren die Vereinigten Staaten nach dem Krieg Modell und Garant der Freiheit. Sie waren der natürliche Seniorpartner eines auf Verteidigung und Abschreckung eingestellten Bündnisses. Man kann sich eine bessere Welt wünschen als die, in der solche Argumente nötig sind. Indes gibt es diese bessere Welt nicht. Darum ist die Bundesrepublik mit Recht ein aktives Mitglied des westlichen Militärbündnisses.

Adenauer blieb etwas zu lange im Amt, wie das die meisten großen Männer tun. Er zelebrierte die deutsch-französische Freundschaft mit General de Gaulle in der Kathedrale von Reims, als die neue Nähe der beiden Länder schon längst Wirklichkeit war. Man sollte das Bild der Reimser Messe neben das des einsam knienden Willy Brandt vor dem jüdischen Ehrenmal in Warschau stellen. Bei Ludwig Erhard, dem Deutschland dank seiner großen Entscheidungen in den Anfangsjahren der Bundesrepublik viel verdankt, fällt einem dagegen eher das Bild im Drei-Gallonen-Hut mit Präsident Johnson zu Weihnachten in Texas ein. Kurt Georg Kiesinger erinnert an sommerliche Kabinettsitzungen unter der großen Eiche im Park des Palais Schaumburg. Helmut Schmidt sieht man am Kamin abends über das Weltwirtschaftsdebakel im Kreise seiner Kollegen des Weltwirtschaftsgipfels dozieren.

Heute werde ich gelegentlich gefragt, ob ich das Buch über »Gesellschaft und Demokratie in Deutschland« nicht »auf den neuesten Stand bringen« will. Aber das geht nicht. In den sechziger Jahren hat schon einmal ein Themenwechsel stattgefunden. Es mag sein, daß damals die Richtung klarer war, als sie es heute ist. Indes markiert das historische Jahr 1968 zwei Dinge, die auch heute wieder aktuell sind: den Versuch, erstarrte politische Verhältnisse aufzubrechen, und das Auseinanderfallen der Generationen. Beides ist Disjunktion von Gegenwart und Zukunft. Man kann verstehen, daß seine Begleiterscheinungen in vielen tiefe Spuren hinterlassen haben. Die 1968-Geschädigten sind in der Tat die Erfinder der »Tendenzwende«, während die Protagonisten von 1968 sich mittlerweile entweder still in ihr bürgerliches Heim zurückgezogen haben oder ganz und gar ausgestiegen sind, auf die eine oder andere Weise.

In Deutschland hat sich diese Entwicklung auf eigentümliche Weise abgespielt, nämlich zunächst durch die Große Koalition. Es war ein leichtes, aber am Ende wohl auch ein billiges Vergnügen, die Große Koalition zu bekämpfen. Denn jener Dezember 1966, in dem Kurt Georg Kiesinger von der Villa Reitzenstein in Stuttgart, in der er überlegen und ideenreich regiert hatte, ins Palais Schaumburg nach Bonn umzog, war tatsächlich ein wichtiges Datum in der deutschen Geschichte. Erstens weiß ich aus Gesprächen mit Kiesinger und meinem früh verstorbenen Freund Waldemar Besson, daß der neue Bundeskanzler bereit war, die großen Tabus der deutschen Außenpolitik preiszugeben: Hallstein-Doktrin, Oder-Neiße-Linie, Anerkennung der DDR. Er tat es nicht; aber die innere Bereitschaft ebnete den Weg für Spätere. Zweitens war jene unwahrscheinliche und daher wohl kurzlebige Freundschaft mit Herbert Wehner Beginn und auch Ursache für eine Entwicklung, die mit den 45,8 Prozent der Sozialdemokratischen Partei bei der Bundestagswahl von 1972 ihren Höhepunkt fand. Die Große Koalition hat den Machtwechsel ohne Bruch ermöglicht.

Das alles ist heute nicht so umstritten wie der Machtwechsel selbst. Wenn von »Wende« die Rede ist, meinen die meisten eine Abkehr von 1969. Sie würden es gerne ungeschehen machen, vielleicht auch ihre eigene Stimmabgabe für die SPD 1972. Dabei vergessen viele drei Punkte.

Das ist erstens die Ostpolitik. Sie war nötig. Ein ganz auf den Westen eingeschworenes Deutschland war ein eher unzuverlässiger Bündnispartner geworden. Man kann eben Geschichte nicht vergessen machen. Es gibt eine deutsche Geschichte, die auch uns noch prägt. Zudem gab es im Osten einfach ungelöste Probleme. Ich war seinerzeit – es waren die Monate, in denen ich am Rande der Bundesregierung angehörte – etwas anderer Meinung über die Reihenfolge der Dinge. Es gefiel mir nicht, daß die Oder-Neiße-Linie zuerst in Moskau (durch den Gewaltverzichtsvertrag) und dann in Warschau anerkannt wurde; ich hätte es gerne umgekehrt gesehen. Das hängt damit zusammen, daß für mich ein größeres Europa im Vordergrund steht und nicht eine Sonderbeziehung Deutschlands mit der Supermacht Sowjetunion. Aber in der Sache war und bin ich der Meinung: die DDR ist ein zweiter deutscher Staat und daher als solcher anzuerkennen; Deutschland darf nicht die Absicht haben, irgendwelche Grenzen mit Gewalt zu verändern; gutnachbarliche Beziehungen zu den osteuropäischen Staaten und auch zur Sowjetunion sind notwendiger Teil einer deutschen Außenpolitik. Das alles bedeutet keine Abkehr von Frieden und Freiheit; im Gegenteil. Es garantiert Frieden und Freiheit auf lange Sicht. Willy Brandt und Walter Scheel haben das bewerkstelligt.

Der zweite Punkt ist umstrittener; er ist freilich nicht weniger wichtig als der erste. Das »Mehr Demokratie wagen« in Brandts erster Regierungserklärung war keine Phrase. Für viele bedeutete es vielmehr die durchaus eindeutige Bestimmung einer Haltung. Ich hatte anderthalb Jahre lang mit jungen Leuten in Hörsälen und auf öffentlichen Plätzen diskutiert. Es war dringend nötig, ihnen die Hand zu reichen. Sie brauchten die Hand gar nicht unbedingt zu nehmen. Wer sich bei jungen Leuten anzubiedern versucht, ist am Ende ebenso widerwärtig wie der, der über die heutige Jugend herzieht. Aber es mußte damals klargemacht werden, daß es Menschen gab, die sich vom Pomp des Regierens nicht davon abhalten ließen, den einfachen Empfindungen der Jungen Raum zu geben. Das hat Willy Brandt getan, übrigens als Bundeskanzler ebenso wie als Vater. »Reformen«, wie das scheinbar praktische Schlagwort für diese Entwicklung hieß, haben später nur in bescheidenem Umfange stattgefunden; aber manchmal sind Worte schon Taten. Die erste Regierung Brandt hat mehr Demokratie gewagt.

Das führt zu einem dritten, eher noch schwierigeren Punkt. Heute sind ja viele Deutsche der Meinung, Willy Brandt sei schwammig, ungenau, ein blauäugiger Träumer, ja gefährlich, ein Feind der freien Wirtschaft, möglicherweise sogar ein Freund der Russen. Es ist bitter, daß es so gekommen ist. Ich hatte gehofft, daß die Kanzlerschaft des vaterlos aufgewachsenen Lübecker Kindes, der nach Jahren des Kampfes auf der äußersten Linken in die Emigration gehen mußte, dort seinen Namen wechselte, der viele Härten des Lebens kennengelernt hatte und doch an ihnen nur gewachsen war, ein Stück Versöhnung mit der deutschen Geschichte bewirken würde. Die fünf ersten Kanzler der Bundesrepublik waren sämtlich ungewöhnliche Männer; aber mit seiner besonderen deutschen Lebensgeschichte war Willy Brandt der ungewöhnlichste von ihnen. Kann man nicht die ihm angedichteten Untugenden einmal umdrehen? Er ist warm, herzlich, menschlich, voll von jener *compassion*, die er vergeblich in die deutsche Sprache einzuführen versucht hat; er hat Visionen, wo andere nicht über den Tellerrand des nächsten Haushalts hinausblicken können; er hat die andere Hälfte der deutschen Nachkriegsgeschichte zustande gebracht, die Versöhnung nach innen und außen.

Übrigens ist er freiwillig zurückgetreten. Es ist gut, daß Arnulf Baring die Gerüchte um diesen Rücktritt in seinem

Buch »Machtwechsel« zurechtgerückt hat. Jedenfalls hat die Regierung Brandt-Scheel alles andere getan, als Deutschland zugrunde zu richten. Dennoch wirkt es fast wie eine günstige Fügung des Schicksals, daß die Bundesrepublik mitten in der ersten Ölkrise einen Kanzler fand, der das ungewöhnliche Talent besaß, ein starkes Land vor den neuen Anfechtungen zu bewahren. Ölpreise, Währungswirrwarr, beginnender Protektionismus, das Ende der konzertierten Aktion und jene anderen Elemente des sozialökonomischen Klimawechsels, von denen noch ausführlicher die Rede sein wird, haben manche Regierung aus der Bahn geworfen. Die Regierungen Schmidt-Genscher sind anständig mit den neuen Herausforderungen fertiggeworden. Dabei wird man vor allem den inneren Zusammenhalt des Landes Helmut Schmidt anrechnen müssen. Er hat einen Aspekt des deutschen Wunders erhalten, der zwar nicht marktwirtschaftlich, dafür aber wichtiger als alle Doktrinen ist, nämlich die enge Beziehung zwischen Regierung, Unternehmern und Gewerkschaften. Schmidt hatte das Vertrauen der Gewerkschaften, weil sein Sozialismus ein echter Arbeitersozialismus war und nicht der modische Lehrersozialismus. Er hatte das Vertrauen der Unternehmer, weil er das Vertrauen der Gewerkschaften besaß, und wohl auch darum, weil er wollte, daß es den Leuten besser gehe. Überdies vertrat er Deutschland würdig in der Welt – mehr als das, er wurde zum verläßlichen Anker der OECD-Welt, insbesondere durch die Weltwirtschaftsgipfel. Schmidt gewann zwei Bundestagswahlen, 1976 und 1980, was auch dann erwähnenswert ist, wenn man bedenkt, daß er Koalitionsregierungen vorstand. Als er sah, daß seine Zeit zu Ende ging, zeigte er noch einmal seine ganze Kraft und seinen Sinn für Pflicht und Verantwortung.

Neue Regierungen reden sich gerne aus ihren Schwierigkeiten damit heraus, daß sie diese von ihren Vorgängern übernommen haben. Tatsächlich war das Erbe von 33 Jahren Bundesrepublik eine gefestigte Demokratie, eine auch in einem neuen Klima lebensfähige, starke Wirtschaft und eine Gesellschaft, die viele Schritte in Richtung auf Offenheit und Freiheit unternommen hat. Aber auch in Deutschland ist der sozialdemokratische Konsensus am Ende. Es hat Perioden der deutschen Nachkriegspolitik gegeben, in denen Konfrontation das Feld beherrschte. Das galt für die ersten Regierungen Adenauer wie für die Regierungen Brandt. Es hat aber auch Zeiten gegeben, in denen die Parteien zusammengerückt sind. In den letzten Jahren haben sie das vielleicht sogar zu sehr getan. Es ist immer schwieriger geworden, zwischen CDU, FDP und SPD zu unterscheiden. Eine gewisse Verkrustung ist unverkennbar. In ihren Inhalten ist diese Verkrustung gekennzeichnet durch die hier sozialdemokratisch genannte Position. Links von der SPD und rechts von der CDU hat es allenfalls ein paar eher jämmerliche Gestalten, aber keinen Tony Benn und keinen Enoch Powell, keinen Georges Marchais und keinen Jacques Chirac gegeben.

Als die Wende kam, fehlte ihr daher das Thema. Der zweite Machtwechsel, der von 1982, war eher ein Machtwechsel der Ratlosigkeit. Er markierte den Anfang einer Periode des Suchens, vielleicht auch den einer neuen Konfrontation zwischen den beiden Fronten, die jede eine »neue Mehrheit« für sich in Anspruch nehmen. Aber das sind Fragen, die erst dann genau gestellt werden können, wenn von der dritten politischen Kraft gesprochen worden ist, der des Liberalismus.

Die liberale Perspektive

Liberalismus und Freie Demokra-
tische Partei gehören zusammen, aber
sie sind nicht dasselbe.

Vom Liberalismus war hier und da schon die Rede, von der FDP dagegen nur am Rande: im Zusammenhang mit den beiden Machtwechseln von 1969 und 1982. Das hat persönliche und sachliche Gründe. Um mit den persönlichen Gründen zu beginnen: wie sich das für den Sohn eines sozialdemokratischen Politikers gehörte, bin ich an meinem achtzehnten Geburtstag 1947 in die SPD eingetreten. Es war einfach, Mitglied zu sein. Der Kassierer kam ins Haus, und das Mitgliedsbuch füllte sich mit Beitragsmarken. Eine Ortsversammlung habe ich nie besucht. Wohl aber war ich aktives Mitglied des Sozialistischen Deutschen Studentenbundes an der Hamburger Universität, unter den Vorsitzenden Helmut Schmidt, Willy Berkhan, Hans Schmelz, Heinz-Joachim Heydorn. Dann, 1952, ging ich zum Graduiertenstudium an die London School of Economics. Ich blieb dort zwei Jahre. SPD-Beiträge zahlte ich nicht mehr. Und da die SPD in diesen Dingen damals noch pingelig war, hat sie mich wohl aus ihren Mitgliederlisten gestrichen. Jedenfalls bescheinigten mir der Vorsitzende Erich Ollenhauer und der Kanzlerkandidat Willy Brandt auf einem von der SPD veranstalteten Kongreß »Junge Generation und Macht« im Jahre 1960, daß ich dort als Nichtmitglied der SPD gesprochen hätte.

Übrigens hatte ich bei dieser Gelegenheit nach einer beinahe unhöflichen Kritik an meinen Gastgebern, nämlich an der autoritären Traditionsbelastung der SPD, gesagt: »So hat die SPD heute eine gewisse Chance, zu jener großen liberalen Partei zu werden, die das notwendige Gegengewicht zu den wachsenden konservativen Tendenzen ihres politischen Gegenübers bildet.«

Erich Mende teilte in einer erbosten Presseerklärung mit, es gäbe bereits eine liberale Partei in der Bundesrepublik, die FDP. Das bedeutete mir damals noch nicht viel, im Unterschied zum Liberalismus. Liberalismus ist im Grundsatz eine durchaus klare und einfache Zielrichtung des politischen Handelns: Es kommt darauf an, alles zu tun, um die Lebenschancen des Einzelnen zu erweitern. Je mehr Menschen mehr Lebenschancen haben, desto liberaler ist eine Gesellschaft.

Die Utilitaristen des letzten Jahrhunderts, und John Stuart Mill mit ihnen, haben unter Lebenschancen etwas anderes verstanden. Für sie ging es um das größte Glück der größten Zahl. Aber Glück entzieht sich der Politik, sollte es auch tun. Darum ist der ökonomische Begriff der Wohlfahrt schon besser. Nur ist er zu eng, sehr auf Optionen, auf materielle Wahlchancen bezogen. Lebenschancen schließen nicht nur Optionen, sondern auch Ligaturen ein, also die Bindungen, die dem, was Menschen zu tun sich entscheiden, erst Sinn geben.

Wichtiger für das praktische Verständnis des Liberalismus ist indes die Antwort auf zwei andere Fragen: Wo liegen die Voraussetzungen menschlicher Lebenschancen? Was bedeutet die Aufgabe der Erweiterung von Lebenschancen? An der Beantwortung dieser Fragen haben sich liberale Geister seit den Anfängen geschieden. Sie taten es auch in der Geschichte der FDP der Bundesrepublik.

Es gibt einen gleichsam formalen Liberalismus, der die wesentlichen Voraussetzungen von Lebenschancen in der Garantie gewisser Rechte sieht. Dabei ist Garantie beinahe juristisch zu verstehen. Rechte müssen einklagbar sein, und zwar nach bekannten und verläßlichen Prozeduren vor unabhängigen Richtern. Überdies dürfen diese Rechte nur dann begrenzt werden, wenn fehlende Begrenzung die Rechte anderer beeinträchtigen würde. Der auf solchen Auffassungen fußende Rechtsstaat stellt eine der großen Errungenschaften der Geschichte dar. Er bietet das unentbehrliche Minimum an Regelung für jede freie Gesellschaft. Er ist getragen von der gemeinsamen Überzeugung aller Liberalen, nicht nur aller in der FDP Organisierten.

Im gleichen Zusammenhang gibt es indes einen materialen Liberalismus, der manchmal als sozialer Liberalismus beschrieben wird. Nach dieser Auffassung reicht der formale Rechtsstaat als Garantie menschlicher Grundrechte nicht aus. Damit Rechte wirksam werden, müssen sie mit sozialem Fleisch und Blut versehen werden. Auch das ist zum Teil Allgemeingut. So kann ein Unbemittelter mit öffentlicher Hilfe klagen. Umstrittener ist dagegen die Frage, ob nicht für einen sinnvollen Begriff der Staatsbürgerrechte das Netz sozialer Sicherheit, das der moderne Wohlfahrtsstaat geschaffen hat, unentbehrlich ist. Sozialliberale argumentieren, daß jedes Herumfingern an diesem Netz an sich schon Bürgerrechte verletze und daher unerträglich sei.

Auch auf die zweite Frage gibt es wiederum zwei verschiedene Antworten: Was bedeutet die Aufgabe der Erweiterung von Lebenschancen? Die eine, gleichsam passive Antwort

gesteht dem Liberalismus zwar unter Bedingungen der manifesten Unfreiheit die Notwendigkeit des Kampfes zu, hält ihn
aber in freien Gesellschaften für eine eher defensive Position.
Es geht darum, bestimmte Regeln zu verteidigen, insbesondere auch gegen diejenigen, deren materiale Politik am Ende
die Regeln selbst schwächen könnte. So gilt es, im Wirt-
schaftsbereich die Regeln des Marktes zu verteidigen gegen
Interventionismus, Investitionslenkung und dergleichen.

Die andere Antwort ist aktiv und in einem bewußten
Sinne fortschrittlich. Sie geht davon aus, daß in einer Welt
der Ungewißheit nie genug getan werden kann, um menschliche Lebenschancen zu erweitern. Kein gegebener Zustand
kann je als solcher befriedigend sein. Unter diesen Umständen stellt der Liberalismus eine produktive Unruhe in der
geistigen und politischen Auseinandersetzung der Zeit dar.
Liberale suchen in jeder Lage die Spuren der bewegenden
Kräfte der Zukunft, und sie suchen diese Kräfte im Interesse
der Erweiterung menschlicher Lebenschancen zu formen.
Liberalismus ist Politik des Wandels.

Ich habe keinen Zweifel, was meine Antwort auf diese
zweite Fragestellung betrifft: Liberalismus ist eine bewegende Kraft der Politik, oder er verliert seine Bedeutung.
Das gilt jedenfalls in freien Gesellschaften, in denen die elementaren Freiheitsrechte nicht in Frage stehen. Was die erste
Frage betrifft, so ist die Antwort schwieriger. Gewiß müssen
Bürgerrechte einen sozialen Gehalt haben, um real zu werden. Staatsbürgerrechte sind durch Gesetze und Verfassungen allein nicht zu garantieren. Aber es ist keineswegs sicher,
daß der nächste Schritt der Erweiterung menschlicher
Lebenschancen heute in der Ausweitung des Netzes sozialer
Sicherheit besteht. Vielleicht muß an die Stelle eines sozialen

Liberalismus ein fortschrittlicher Liberalismus mit anderen inhaltlichen Zielen treten. Vielleicht gilt für den sozialen Liberalismus das, was für das sozialdemokratische Jahrhundert überhaupt gilt, nämlich daß eine große historische Kraft sich erschöpft hat. Sie hat damit ihren Wert nicht verloren; es wäre ganz und gar abwegig, ihre Bedeutung zu leugnen, geschweige denn ihre Errungenschaften zu zerstören. Aber sie ist zu einer bewahrenden, einer defensiven Position geworden. Liberal sein morgen, im Sinne eines fortschrittlichen, aktiven Liberalismus, heißt, neue Ufer zu suchen. Wie sagte doch Heraklit? Wir steigen in dieselben Flüsse, und sie sind doch nicht dieselben. In einer veränderten Welt ergibt die praktische Anwendung liberaler Prinzipien eine veränderte Politik.

Bevor derlei Bemerkungen ganz und gar mißverstanden werden, ist es an der Zeit, vom Olymp des Liberalismus in die Niederungen der FDP hinabzusteigen. Da fällt zunächst auf, daß die hier getroffenen Unterscheidungen vieles nicht beschreiben, was in Wirklichkeit geschehen ist. Bei den großen Spaltungen des deutschen Liberalismus ging es ebensosehr um die nationale Frage wie um die Gegensätze zwischen formalem und materialem, passivem und aktivem Liberalismus.

Die FDP hat das Thema der deutschen Frage frühzeitig aufgenommen. Thomas Dehler hat mehr als irgendein anderer Liberaler in der Nachkriegszeit die Dringlichkeit und den Ernst dieser Frage betont. Auf dem Parteitag in Hannover im Jahre 1967 hat Wolfgang Döring mit anderen das Thema noch weiter vorangetrieben. Zugleich begann hier der Weg der FDP zu einer sozialen und fortschrittlichen liberalen Partei. Dieser Partei bin ich im Herbst 1967 beigetreten.

Übrigens ist es erwähnenswert, daß ich ihr in Baden-Württemberg beigetreten bin. Die baden-württembergische FDP/DVP barg noch Elemente des Schweizerischen Freisinns. Und es gab Wahlkreise, in denen sie ein Viertel, ja ein Drittel aller Stimmen erobern konnte. In ihr war keine noch so entfernte Spur jener norddeutschen FDP, in der manche sich versammelt hatten, die nach dem Krieg eine respektable Rechtspartei suchten. Auch der fortschrittlich-nationale Schwung der nordrhein-westfälischen Jungtürken fehlte durchaus. In der Tat ist die FDP erst in den Jahren der Großen Koalition, unter Walter Scheels Führung, zu einer eigentlichen Bundespartei geworden – mit einem einzigen Programm, einem ähnlichen Wählerprofil, aber auch einem ähnlich reduzierten Wählerpotential in allen Teilen der Bundesrepublik.

Als einzige Oppositionspartei in der Zeit der Großen Koalition hat die FDP die Chance genutzt, sich auf neue Aufgaben zu besinnen. Es wird zwar gerne gesagt, Parteien könnten die Opposition zur Regeneration nutzen; aber das ist eher eine These der regierenden Gegner als eine Beschreibung dessen, was in der Opposition geschieht. Immerhin, die FDP hat sich regeneriert oder vielmehr gewandelt. Ihre Wahlplattform von 1969 verband eine neue Sprache mit neuen Inhalten. Ihr Wahlkampf im gleichen Jahr war ein gewaltiger Prozeß der politischen Mobilisierung. Tausende und Abertausende drängten sich in Versammlungen, um von neuen Wegen zu hören, von der Ostpolitik, von einer stärkeren Beteiligung des Volkes an Entscheidungen, von der Notwendigkeit des Machtwechsels. So war die Enttäuschung über das Wahlergebnis vom September 1969 groß: 5,8 Prozent. Aber es reichte zur Bildung der sozialliberalen Koalition.

Die folgenden Jahre waren für die FDP zugleich trauma-tisch und fruchtbar. Sie waren traumatisch, weil viele der formalen, der passiven und auch der nationalen Liberalen die Partei verließen. Am Tag des konstruktiven Mißtrauens-votums gegen Willy Brandt stand die sozialliberale Koali-tion auf des Messers Schneide. Walter Scheel hielt eine bedeutende, liberale Rede, in der er mit Stolz die bewegende Rolle dieser gescholtenen und geschundenen Partei hervor-hob. Die Entscheidung vom 27. April 1972 gab eine Atem-pause, erlaubte Neuwahlen. Und endlich erhielt die FDP den Lohn der Mühe: 8,4 Prozent. Wähler reagieren zuweilen mit erheblicher Verzögerung auf neue Entwicklungen. Auch führt ein weiter Weg von optischen Versammlungserfolgen zu Wahlerfolgen. Beides sollte niemand den Wählern ver-übeln, sosehr es Aktivisten enttäuscht.

Die Zeit war fruchtbar, weil die FDP sie zu einer Pro-grammdiskussion nutzte. An ihrem Ende stand das Freibur-ger Programm von 1971, ein Programm, das deutlich die sozialliberale Handschrift von Werner Maihofer, aber auch von Karl-Hermann Flach trug. Schon der Stil der Freiburger Thesen machte klar, worum es ging. Auf die Demokratisie-rung des Staates sollte die Demokratisierung der Gesell-schaft folgen, »aus demselben Gedanken der ›Freiheit, Gleichheit und Brüderlichkeit‹, aus dem auch die Demokra-tisierung des Staates ihren Ursprung nahm«. Eigentumsord-nung, Vermögensbeteiligung, Mitbestimmung und Umwelt-politik werden dann als Anwendungsbereiche für eine Poli-tik ausgesondert, die »dem modernen Liberalismus die neue politische Dimension eines nicht mehr nur Demokratischen, sondern zugleich Sozialen Liberalismus erschließt«. Nimmt man Flachs im gleichen Jahr 1971 erschienene Schrift

»Noch eine Chance für die Liberalen« hinzu, dann sind alle Elemente des sozialdemokratischen Jahrhunderts versammelt, einschließlich der klaren These: »Die Befreiung des Liberalismus aus seiner Klassengebundenheit und damit vom Kapitalismus ist daher die Voraussetzung seiner Zukunft.«

Programme haben ihr eigenes Schicksal. Manche klammern sich an sie, manche stehen auf ihrem Boden, manche gehen von ihnen aus, manche wirken in ihrem Sinne, manche möchten sie am liebsten vergessen. In der FDP ist seit Freiburg dies alles passiert. Überdies läßt sich im nachhinein schwer übersehen, daß Freiburg eher ein Abschluß als ein Anfang war. Die Thesen schlossen eine Periode des Wandels zu einem materialen und aktiven Liberalismus ab. Am Ende dieser Periode stand eine Haltung, nicht eine Serie von Einzelvorschlägen. Diese Haltung geriet in dem Klimawechsel, der der sozialliberalen Koalition bald bevorstand, unter wachsenden Druck. Die Protagonisten von Freiburg traten von der Szene ab. Karl-Hermann Flach starb, viel zu früh. Werner Maihofer wurde in das Innenministerium gedrängt, in dem Freiburger Politik nicht zu machen war. Otto Graf Lambsdorff und Martin Bangemann entfernten sich teils rasch, teils allmählich von dem Programm, an dem sie mitgewirkt hatten. Schlimmer noch: für diejenigen, die sich an Freiburg klammerten, hatte das Programm sich bald auf eine formale Aussage reduziert, nämlich den Wunsch, die Koalition mit den Sozialdemokraten fortzusetzen. Am Anfang der achtziger Jahre war die FDP zu einer Partei ohne Programm geworden, deren Mehrheit unwillig eine Koalition fortführte, von der sie zunehmend glaubte, daß sie die Partei mit in den sozialdemokratischen Abgrund reißen würde. Die FDP begann, ihr Herz zu verlieren, wie es einer ihrer kritischen Freunde, Rolf Zundel, formulierte. Beide Flügel, der material-aktive (sozialliberale) und der formal-passive (wirtschaftsliberale) fanden sich auf Koalitionswünsche oder Koalitionsabneigungen reduziert.

So war es nicht überraschend, daß die FDP zunächst in den 17. September 1982, den Tag des erzwungenen Rücktritts der Minister, dann in den 1. Oktober, den Tag der Wahl von Helmut Kohl zum Kanzler, hineinrutschte. Manche hatten den Wechsel gewollt, aber keiner zu diesem Zeitpunkt, geschweige denn in dieser Weise. Die Historiker werden in den Prozeß des Wechsels gewiß ihre eigenen Erklärungen hineintragen; aber wer die Ereignisse aus der Nähe verfolgt hat, weiß, daß sie, wie das so zu gehen pflegt, aus einer Serie von nicht ganz zufälligen Zufälligkeiten bestanden: dem Zeitpunkt des Lambsdorff-Papiers zur Wirtschaftspolitik, dem plötzlichen Adrenalinstoß in Helmut Schmidt und ähnlichem mehr. Klar ist nur, daß sich die FDP am Ende dieses Prozesses als eine mutlose, vor allem aber als orientierungslose Partei darstellt. Das mag widerspiegeln, was auch sonst viele in Deutschland empfinden; aber für die FDP ist das ein schwacher Trost. Daß viele von denen, die der Partei über Jahre hin Farbe und Reiz gegeben hatten, sie nun verlassen haben, macht die Lage der FDP noch mißlicher.

Wird das Totenglöcklein diesmal also das endgültige Hinscheiden der FDP einläuten? Gewiß nicht. Es gibt einen Platz für diese liberale Partei. Nur muß sie ihn wieder finden.

Der Platz der deutschen FDP ist nicht der einer großen Volkspartei. Die Zeit des Schweizer Freisinns oder der Luxemburger Demokraten ist für Deutschland vorbei, und zwar schon seit dem Ende der beiden liberalen Parteien der Weimarer Republik. Der Platz der FDP ist, entgegen den Vermutungen von Elisabeth Noelle-Neumann, auch nicht der eines »Ventils« zwischen den beiden großen Parteien. Tatsächlich wechseln Wähler ja nicht etwa von der SPD über die FDP zur CDU oder umgekehrt, sondern direkt. Der Weg SPD–FDP–SPD oder CDU–FDP–CDU ist wahrscheinlicher als der durch das Ventil auf die andere Seite. Der Platz der deutschen FDP läßt sich vielmehr zugleich durch ihre Funktion und durch ihr Programm bestimmen, und beide hängen eng zusammen. Die Funktion liegt darin, Mehrheiten zu ermöglichen, nicht immer, nicht notwendig, aber doch an kritischen Punkten in der Geschichte der Bundesrepublik.

Und das Programm? Hier treffen wir auf die Kernfrage dieser Schrift. Es mag sein, daß die FDP mit mehreren Programmen ihre Funktion im deutschen politischen System erfüllen könnte. Es ist kein Zufall, daß man FDP-Vertretern nachgesagt hat, sie stünden links von der SPD, und anderen, sie stünden rechts von der CDU. Möglicherweise gibt es auf beiden Seiten einen politischen Platz. Einen liberalen Platz allerdings gibt es dort nicht.

In dieser Schrift ist davon die Rede, was es bedeutet, liberal zu sein in einer veränderten Welt. Man mag hoffen, daß die FDP zu der Partei wird, die dies am raschesten und gründlichsten versteht. Allerdings besteht auch für einen, der in dieser Partei seine politische Heimat sieht und durch sie wirken möchte, an einem kein Zweifel: der Liberalismus ist wichtiger als die FDP.

Kämpferische Toleranz

*Die Toleranz des Liberalen ist eine For-
derung zur Aktion und nicht zur Duldung.*

Liberal sein heißt nicht, »scheißliberal« zu sein. Das un-
appetitliche deutsche Wort ist in den sechziger Jahren in
Mode geraten, als manche sich allzu wehrlos mit Eiern be-
werfen ließen und die Institutionen, für die sie Verantwortung trugen, beim sanftesten Säuseln der Kritik preiszugeben
bereit waren. Auf englisch würde man eine andere Vokabel
gebrauchen; solche Leute sind »wet«, naß wie ein Waschlappen. Liberal sein heißt also nicht, ein Waschlappen zu sein,
einer, der sich für nichts klar entscheiden kann, dem alles
gleich gilt, der für alles eine Rechtfertigung findet. Liberal
sein ist, im Gegenteil, eine durchaus herbe, starke Tugend.

Mit Recht ist in der Umgangssprache ein Liberaler nicht
nur einer, der dem Liberalismus als politischer Theorie hul-
digt. Vielmehr geht es da um viel einfachere Dinge, um eine
menschliche Grundhaltung. Toleranz ist wahrscheinlich die
Vokabel, die sie am treffendsten umschreibt. Der Liberale
wendet sich nicht gleich ab, wenn ihm etwas nicht gefällt. Er
kontrolliert seine Vorurteile, wenn er sie nicht sogar auflöst
und ablegt. Er nimmt es hin, daß andere anders sind. Er liebt
eine Welt, in der hundert Blumen blühen. Aber das ist nicht
ein passives Hinnehmen all dessen, was geschieht. Es ist
vielmehr eine kämpferische Position.

Kämpferisch ist sie zunächst im Widerstand gegen jegliche Eingriffe in die Freiheit. Das Jahrhundert, das wir sozial-demokratisch genannt haben, hat wahrhaftig genug davon gesehen, vor allem in Deutschland. Dabei sind derlei Eingriffe nicht immer so eindeutig wie das Ermächtigungsgesetz Hitlers. (Daß die fünf Reichstagsabgeordneten der liberalen Staatspartei von 1933 nach einer geheimen Fraktionsab-stimmung, die auch noch mit 3 : 2 ausging, allesamt für das Ermächtigungsgesetz gestimmt haben, gehört in das Buch der Schande der deutschen Liberalen.) Vielmehr ist es oft nötig, den Anfängen zu wehren. Das ist leichter gesagt als getan. Nicht immer sind die Anfänge der Unfreiheit sogleich erkennbar. Andererseits neigt mancher dazu, in jedem fau-len Ei, ja jedem bösen Zwischenruf schon den Anfang der Unfreiheit zu sehen. Da gilt es, mit starken Nerven auf dem schmalen Grat zwischen Hysterie und resignativer Gleich-gültigkeit zu wandern. Was das bedeutet, läßt sich kaum noch in Worte fassen. Manchmal muß man auch die schärf-sten persönlichen Attacken übersehen; manchmal muß man sich dagegen auflehnen, in einer mit dämlichen Graffitti ver-schandelten Umwelt zu leben. Der Professor, der es satt hatte, auf Spruchbändern ständig Beschimpfungen durch seine Studenten zu lesen, und der eines Morgens im Hörsaal selbst ein Plakat mit der Inschrift »Alle Studenten sind Dummköpfe« anbrachte und damit verlegene Verblüffung hervorrief, handelte liberaler als der, der nur weggeschaut oder der, der ein Disziplinarverfahren gegen seine Studenten eingeleitet hat.

Es gehört in diesen Zusammenhang, daß es erlaubt sein muß, in der Diskussion alles in Frage zu stellen. Daraus folgt aber nicht, daß Institutionen zur Disposition stehen. Libe-

rale sollten sich von niemandem in der Bereitschaft übertref-
fen lassen, die Spielregeln der Institutionen der offenen
Gesellschaft, einschließlich derer ihrer Veränderung, zu verteidigen. Sie sollten zugleich nicht in hohles Pathos fliehen
(»Hier werden die Fundamente der Ordnung dieses unseres
Landes in Frage gestellt«), wenn einer sagt, die FDGO hinge
ihm zum Halse heraus und am besten wäre es, man würde
das Parlament abschaffen. Auch hier wieder können Worte
nur mühsam treffen, was es heißt, liberal zu sein. Es bedeutet, wachsam zu sein, Unterschiede zwischen Max Stirners
»Einzigen« und Gregor Straßers Organisierten sofort her-
auszuhören, nicht zu wackeln in der Verteidigung der offenen Gesellschaft, aber zu argumentieren und nicht ständig
zu drohen oder mit bloßen Behauptungen um sich zu
werfen.

Kämpferische Toleranz gilt noch in einem ganz anderen
Sinne. Es gibt Unterschiede zwischen Menschen, an denen
niemand etwas ändern kann, angeborene oder, im Jargon
der Sozialwissenschaften, »zugeschriebene« Unterschiede.
Mann und Frau, Junge und Alte, Weiße und Farbige, Einhei-
mische und Ausländer sind in dieser Weise unterschieden.
Mit gewissen Einschränkungen gilt das auch für Christen
und Juden oder aber für Homosexuelle und Heterosexuelle.
Überall, wo wir solchen Unterschieden begegnen, bedeutet
liberal sein, daß wir den anderen, die andere, in ihrer Eigenart anerkennen.

Das ist indes nicht genug. Die bloß passive Toleranz
macht es sich allzu leicht. Als das amerikanische Oberste
Gericht den Begriff der *affirmative action*, also der positiven
Diskriminierung, im Hinblick auf die Schwarzen prägte, war
es vielen Anfeindungen ausgesetzt. In der Tat ist positive

Diskriminierung ein zunächst befremdlicher Gedanke. Doch gibt es ein wichtiges Argument: wenn eine Gesellschaft durch viele Jahrzehnte, ja vielleicht durch Jahrhunderte hin eine soziale Kategorie, der Menschen nicht kraft eigener Wahl angehören, systematisch benachteiligt hat, dann spricht vieles dafür, sie zumindest eine Zeitlang systematisch zu bevorzugen. Das bedeutet, daß (im amerikanischen Fall) Gründe genannt werden müssen, warum ein Weißer und nicht ein Schwarzer eine freie Stelle bekommt, ja, daß der Versuch unternommen werden muß, ebenso viele Frauen wie Männer zu beschäftigen. Hinter solchen Maßnahmen steht der Gedanke, daß sie nicht für immer nötig sind, daß also eines Tages die eingebaute Benachteiligung sich erledigt, weil es selbstverständlich geworden ist, nicht mehr auf Geschlecht oder Rasse, Herkunft oder andere Eigenarten zu achten. Zunächst aber ist die Toleranz des Liberalen eine Forderung zur Aktion und nicht nur zur Duldung.

Nun gibt es nicht nur »zugeschriebene«, sondern auch »erworbene« Unterschiede zwischen Menschen, politische Überzeugungen zum Beispiel. Sie sind nicht angeboren und nicht mehr unweigerlich anerzogen (auch wenn ich selbst zum Beispiel zunächst in die väterlichen Fußstapfen getreten bin). In der Bundesrepublik werden Liberalität und Toleranz vornehmlich auf solche Unterschiede angewendet. Das nennt man dann Pluralismus. Dieser Pluralismus ist indes einer der großen deutschen Irrtümer, und er verrät ganz sicher keine liberale Haltung. Liberal sein heißt nicht, Pluralist zu sein.

Da wird nun mancher aufhorchen und an die hundert Blumen erinnern. Gewiß gibt es viele Meinungen, und es soll sie geben. Gewiß konkurrieren mehrere Parteien, und das ist wichtig. Aber aus der Existenz mehrerer Parteien folgt nicht und darf nicht folgen, daß sie alle gemäß ihrer Stärke an den Futtertrögen des Staates teilhaben. Dabei ist nicht nur die direkte und indirekte Parteienfinanzierung gemeint. Vielmehr ist vor allem an jene vielen öffentlich-rechtlichen Einrichtungen zu denken, in denen Parteienvertreter nach einem Schlüssel untergebracht werden, der dem von Parlamentsausschüssen entspricht. Rundfunk- und Fernsehpluralismus, Landesbankpluralismus, Wasserwerkpluralismus und dergleichen mehr ist sozusagen die »demokratische« Form der Patronage. Sie gilt als gerecht, ja als normal – als Anerkennung des pluralistischen Parteienstaates.

Nun mögen alle diese Bezeichnungen stimmen; nur eines ist der verordnete Pluralismus nicht: liberal. Zunächst einmal ist dieser Pluralismus nämlich ein Rezept für Erstarrung, Versäulung, auch Langeweile, Eintönigkeit. Weil alle überall proporzgemäß mitmischen, ist Wandel überaus schwierig. Der Proporzpluralismus ist gleichsam die permanente Ganz Große Koalition. Das gilt auch dann noch, wenn beim Proporzpluralismus eine Art Mini-Bundestag herauskommt wie im Fernsehrat des Zweiten Deutschen Fernsehens.

Gibt es denn keine unabhängigen Männer und Frauen mehr? Muß denn wirklich alles, aber auch alles in die eine Organisationsform der politischen Demokratie, die Parteien, hineingezerrt werden? Die Zerstörung des Sinns des Berufsbeamtentums durch die Politisierung der Spitzenpositionen des Staates ist schon schlimm genug; aber die Krankheit des Pluralismus ist noch weit schlimmer. Sie entmutigt die Unabhängigkeit, die bequeme wie die unbequeme; sie fordert und fördert die Anpassung; und sie schafft einen grauen Einheitsbrei unter dem Namen des öffentlichen Rechts. Daß es viele Meinungen gibt, werden Liberale verteidigen. Gegen die Pluralität ist nichts zu sagen. Aber der deutsche Pluralismus ist das Gegenteil des Liberalseins. Er gehört schleunigst und gründlich beseitigt.

Denn liberal sein heißt immer auch, daß man die bequeme, die sichere Position nicht sucht. Der mit dem Parteinamensschild versehene Sessel im Klub der Mächtigen sollte von Liberalen leer gelassen werden. Die andere Seite des Selbstbewußtseins, das Liberale macht, ist eben, daß man solche Sessel nicht braucht. Liberal sein heißt, keine Angst davor zu haben, daß mal eine einseitige Fernsehsendung erscheint oder daß eine Landesbank anscheinend sozialdemokratische Politik macht oder daß einem sonst irgendetwas nicht paßt. Liberal sein heißt, auf die eigene Fähigkeit zu vertrauen, sich zu wehren. Es heißt auch, allen Verschwörungstheorien zu mißtrauen und daher selbst nicht an Verschwörungen beteiligt zu sein, noch nicht einmal, wenn sie Pluralismus genannt werden.

Das alles ist ganz sicher nicht »scheißliberal«. Liberale sind kein Wackelpudding. Nicht nur hat liberale Toleranz Grenzen, sie ist auch mehr als passives Desinteresse. Liberal sein ist eine tätige, wache, klare, wenn es sein muß – und es muß oft sein – kämpferische Position. Nur gibt es leider allzu wenige, die eine solche Position auch durchhalten. Und angesichts des neuen Klimas der Welt, in der wir leben, hat die Zahl der Liberalen weiter abgenommen. Es gibt eben keine liberalen Patentlösungen, und auch damit können viele nur mühsam leben.

Thatchertown, Epplertown, Kellytown

*Die verbreitete Ratlosigkeit
ermutigt wirtschaftliche, soziale
und politische Patentlösungen.*

Noch die schrecklichsten Propheten der absoluten Wahrheit haben Konjunktur in einer Zeit, in der viele Menschen nicht recht wissen, wohin. Wir sollten Jonestown nicht vergessen: den kollektiven Selbstmord von mehreren hundert Anhängern des »Pfarrers« Jones in Guyana. Sie waren alle der Meinung, daß er nicht irren könne, nicht einmal, als er sie und ihre Kinder das tödliche Gift nehmen ließ. Wichtig ist an der Geschichte die Suspension der experimentellen Vernunft. Das klingt hochtrabend. Es bedeutet schlicht, daß Menschen nicht mehr in der Lage sind, sich mit allmählichen Fortschritten, mit Versuch und Irrtum, ja zuweilen mit der Unmöglichkeit, Fragen überhaupt zu beantworten, zufriedenzugeben. Auf der politischen Bühne der OECD-Länder gibt es heute vor allem drei Angebote, auf die diese Kennzeichnung zutrifft: das blaue, das rote und das grüne. Man könnte auch von der wirtschaftlichen, der sozialen und der politischen Patentlösung sprechen.

Blau ist, zumindest in England, die Farbe der Konservativen. Spätestens seit Macmillans Premierministerschaft anfangs der sechziger Jahre standen die Konservativen weitgehend auf dem Boden jener sozialdemokratischen Annahmen, die bis vor kurzem die OECD-Welt beherrschten.

Dann aber meldete sich Widerstand. In den Anfängen der Regierung Heath, 1970, hörte man neue Töne, die sich dann in der Regierung Thatcher seit 1979 zu einem neutönenden Musikwerk entfaltet haben. Hier handelt es sich um eine ganz und gar radikale Position, die den Konsensus der letzten Jahrzehnte bewußt und entschieden zurückweist. Frau Thatcher hat es mit aller Deutlichkeit gesagt: »Wenn die Propheten des Alten Testaments unter die Leute gegangen wären und gesagt hätten, ›Leute, wir wollen Konsensus‹, dann wären sie nicht sehr weit gekommen.« Frau Thatcher will, ebenso wie Präsident Reagan in den USA und der frühere Premierminister und Präsidentschaftskandidat Chirac in Frankreich, den Konsensus nicht mehr. Für sie ist die sozialdemokratische Vernunft nur Vorwand zum Nichtstun. Sie plädieren für eine entschiedenere Politik.

Kernstück dieser Politik ist eine Wirtschaftsethik, die so weit nicht weg ist von Max Webers »protestantischer Ethik« und dem durch sie inspirierten Geist des Kapitalismus. Die Leute sind faul und träge geworden, heißt es da, auch gepäppelt vom Staat beziehungsweise entmutigt durch Steuern und Reglementierung. Wir brauchen vor allem Wachstum. Wachstum verlangt einerseits harte Arbeit bei stagnierenden, wenn nicht reduzierten Reallöhnen. Es verlangt andererseits die Ermutigung von Investitionen durch angebotsorientierte Wirtschaftspolitik, also durch Steuersenkungen, Ent-Reglementierung, Inflationskontrolle, Gewinnförderung und unternehmerfreundliche Reden.

Dabei wird mancher Preis in Kauf genommen, wenn nicht ausdrücklich gefordert. Ungleichheit gilt als natürlicher Ausdruck unterschiedlicher menschlicher Leistung, auch als Stimulus zu verstärkter Anstrengung. Der Sozialstaat gilt als gigantischer Irrtum; er soll auf ein Minimum reduziert werden. Die Organisationen der Beschäftigten gelten als Hauptursache überhöhter Reallöhne; ihr Einfluß muß eingedämmt werden. Der Staat wird zwar nicht ausdrücklich gepriesen; im Gegenteil: oft ist von »weniger Staat« die Rede; aber tatsächlich entsteht ein harter Staat, eben einer, der seine Mitgefühls-Allüren ablegt, nicht nur in Fragen der Wohlfahrt, sondern auch bei Recht und Ordnung. Diese Position ist nicht selten mit einer Neigung zu Moralpredigten, der Anrufung der »moralischen Wahrheit« verbunden. Auch nationalistische Elemente haben hier einen Ort, vor allem aber eine Insistenz auf wirksamer Verteidigungspolitik. Vielleicht sollte man sogar eher von der Insistenz auf einer teuren Verteidigungspolitik sprechen, denn diese Politik ist zur Hälfte symbolisch geworden: je teurer sie ist, desto besser. Daß diese Position mehrheitsfähig ist, zeigen die Wahlsiege von Frau Thatcher und Herrn Reagan. Es gibt einen neuen frustrierten Mittelstand von Häusermaklern und Reisebüroleitern, aber auch von Computer-Programmierern und Facharbeitern im weißen Kittel, der den blauen Radikalismus attraktiv findet. Das ist keine eigentlich selbstbewußte Gruppe, eher eine, die ihre Angst in Ärger umsetzt. Und da ältere, pragmatischere und gemessenere Konservative keine Aktivisten sind und zugleich keine politische Alternative haben, ist die Durchschlagskraft dieser Position nicht zu unterschätzen.

Ihre Wirkung allerdings ist verheerend. Das gilt zunächst konkret. Noch ist die angebotsorientierte Wirtschaftspolitik den Beweis ihrer Wirksamkeit schuldig geblieben. Die Vereinigten Staaten und Großbritannien gehören heute sogar schon zu den Sorgenkindern der OECD-Welt. Ein Klima des Vertrauens läßt sich schwerlich durch betont radikale Politik herstellen. Die arithmetische Unvereinbarkeit von Steuersenkungen und hohen Verteidigungsausgaben verschlimmert noch das Bild. Da im übrigen die ersten Wirkungen dieser Politik in einer Erhöhung der Arbeitslosigkeit, auch in einer starken Steigerung der Zahl der Firmenzusammenbrüche liegen, entstehen neue Kosten, die sich mit der Reduktion des Sozialstaates nicht in Einklang bringen lassen.

Über den wirtschaftspolitischen Fehlschlag des blauen Radikalismus hinaus aber ist die Empfehlung des Rückwegs nach vorgestern für viele auch dann unerträglich, wenn klar ist, daß sie erfolglos bleiben muß. Es gibt nicht viele Menschen, die von der Rückkehr zum sozialdarwinistischen Überlebensrecht des Stärkeren träumen, auch wenn die Haltung unter dem eingängigeren Namen der »Leistungsgesellschaft« wiederkehrt. Es gibt überhaupt nicht viele, die einen Rückweg suchen. Die Tendenzwende erinnert die meisten daran, wie schlecht es ihnen vorgestern ging, wie viele Rechte sie sich seitdem mühsam erkämpfen mußten, wie wenig Lebenschancen sie früher hatten. Der blaue Radikalismus ist einer der großen Gegner der Liberalen.

Dasselbe gilt allerdings auch für den roten Radikalismus. Auch die Parteien der Linken haben in den meisten OECD-Ländern seit den sechziger Jahren in zunehmendem Maße versucht, die politische Mitte zu besetzen. Sie sind von sozialistischen zu sozialdemokratischen Parteien geworden. Ebenso gilt allerdings für diese Parteien, daß in ihnen in jüngerer Zeit neue Töne zu vernehmen sind. Hier ist ebenfalls ein neuer Radikalismus aufgekommen. Er hat viele Namen – Benn, Chevènement, Eppler –, und die Namen verraten immer zugleich spezifische Züge der verschiedenen Länder. Kennzeichnend ist dabei weniger die Tradition der alttestamentarischen Propheten als die der *levellers*, der sogenannten Gleichmacher der frühen britischen Sozialbewegung, und durch sie ein Stück urchristlicher Tradition.

Denn das Kernstück dieses neuen roten Radikalismus ist die Forderung nach Gleichheit. Damit ist keineswegs nur der Sozialstaat gemeint. In der Tat steht für manche Sprecher dieser Position die Kritik am Sozialstaat im Vordergrund, nämlich die These, daß Jahrzehnte der Umverteilung nicht zu wesentlichen Veränderungen in den Einkommens- und Eigentumsunterschieden sozialer Gruppen geführt haben. Tatsächliche und institutionelle Privilegien werden also aufs Korn genommen. Von privaten Schulen bis zu Richtern und ihrem sozialen Ursprung, von der Macht weniger Unternehmer bis zu den eingebauten Vorlieben einer angeblich unpolitischen Beamtenschaft geht die Kritik. Der Traum der eigentlich demokratischen Gesellschaft, der solche Kritik leitet, beruft sich nicht auf historische Erfahrungen und ist zumindest in diesem Sinne Utopie.

Auch für diese Position gilt, daß ihre Nebenbedingungen ebenso wichtig sind wie ihr Kernargument. Das ist insbesondere in dreierlei Hinsicht der Fall. Erstens wird die Wirtschaft als nahezu unbegrenzt melkbare Kuh verstanden. Eine gewisse Naivität gegenüber dem Wirtschaftsprozeß ist unverkennbar. Es wird für möglich gehalten, daß eine durch die Gemeinschaft in Produktionsumfang und Produktionsrichtung gelenkte Wirtschaft mehr Wohlfahrt für alle garantiert. Zweitens wird diese Absicht verbunden mit einer entschiedenen Vorliebe für kleine, dezentrale Einheiten. Der neue rote Radikalismus ist eben kein Staatssozialismus; er

steht daher dem realen Sozialismus durchaus feindselig
gegenüber. Vielmehr baut er auf die Möglichkeit genossen-
schaftlicher Tätigkeit, auch auf kleine soziale Netze an der
Stelle staatlicher Bürokratien. Es erübrigt sich fast zu sagen,
daß dazu eine starke Abneigung gegen den offiziellen Internationalismus und insbesondere die bestehenden internationalen Organisationen gehört. Und drittens steckt in dieser
Position eine tiefe Solidaritätshoffnung, die Vorstellung
also, daß Menschen sich unter bestimmten gesellschaftlichen Bedingungen anders verhalten werden als unter denen
der obwaltenden Umstände. Der Gedanke der »herrschaftsfreien Kommunikation« zum Beispiel hat hier seinen Platz.

Es darf als unwahrscheinlich gelten, daß diese Position
mehrheitsfähig ist. Selbst in den Parteien, in denen sie vertreten wird, gibt es nach wie vor eine Mehrheit der alten Arbei-
terschicht und derer, die sich ihr zugehörig fühlen. Das ist
zwar eine absteigende, daher ängstliche Schicht geworden;
dieses Schicksal macht sie aber kaum anfälliger für den
neuen Radikalismus. Dieser wird nämlich vor allem von
Vertretern der Bildungsklasse vertreten, von Lehrern und
Dozenten, auch von ewigen Studenten, von den vielen im
Umkreis der Welt der Bildung, von denen, die von ihrem
Wissen leben.

Vielleicht sollte man hinzufügen, daß sie alle Zeit haben.
Sie können sich deshalb einen Aktivismus leisten, für den die
meisten arbeitenden Menschen keine Zeit haben. Sie sprechen auch eine Sprache, die den meisten arbeitenden Menschen nichts sagt. Am Ende gibt es nur wenige Benns, Che-
vènements und Epplers unter ihnen, deren Einfluß über die
Bildungsklasse hinausreicht. Das ist auch gut so. Es gibt ja
Autoren wie Helmut Schelsky (»Die Arbeit tun die andern«)

und Kurt Sontheimer (»Das Elend unserer Intellektuellen«), die ihre traumatischen Universitätserfahrungen zu einer allgemeinen Sozialanalyse verallgemeinern und behaupten, wir würden schon heute von der neuen, roten »Priesterkaste« der Intellektuellen beherrscht. Wer sich auch außerhalb der Universitäten auskennt, weiß indes, daß das nicht stimmt. Richtig ist nur, daß dort, wo die roten Radikalen das Sagen haben, kein Gras mehr wächst, nicht einmal grünes. Ihr Rezept ist ein Rezept zur Verarmung an materiellen und geistigen Gütern. Und gewiß steckt hinter dem Dogmatismus der Position, verbunden mit dem Verdammtsein zur Minderheit, immer die Gefahr der Gewalt. Der Liberale ist auch ein entschiedener Gegner des roten Radikalismus.

Bleiben die Grünen. Sie haben mit den Roten und Blauen manches gemeinsam. Sie bauen ebenfalls nicht auf die sozialdemokratische Vernunft. In der Tat sind die sozialdemokratischen Ouvertüren für sie auch darum so schwer zu ertragen, weil sie das geduldige Bohren harter Bretter und die dahinterstehende Rationalität zurückweisen. Was steht an deren Stelle? Man hat mit einem gewissen Recht auf die jugendbewegten Elemente vor allem bei den deutschen Grünen hingewiesen. Dazu gehört auch eine besondere Form der Gleichheitssehnsucht, eine übrigens, die im Gegensatz zu manchen Unterstellungen weder Wohlstand noch gar eine Beamtenpension für alle voraussetzt. Mit der Vorliebe für kleine soziale Einheiten verbindet sich bei den Grünen die Abneigung gegen die offiziellen Organisationen der Welt. Es muß gar nicht gleich die NATO sein.

Dennoch sieht es so aus, als sei der eigentliche gemeinsame Nenner der grünen Bewegung, einschließlich der Alternativen (wenn auch nicht im gleichen Maße der Friedensbewegung), politisch. Nicht Umweltpolitik oder Friedenspolitik ist in erster Linie gemeint, sondern das politische System der OECD-Demokratien und insbesondere der Bundesrepublik Deutschland. Die Grünen sind der Gestalt gewordene Protest gegen die Verharzung der politischen Strukturen im sozialdemokratischen Konsensus: Was soll man schon wählen, die Parteien sind sich ja doch alle gleich …

Zwei Aspekte machen die Grünen zu einer besonders gewichtigen Kraft. Der eine ist, daß sie nicht die Häusermakler oder die Lehrer, sondern die Jungen um sich scharen. Die Jungen sind an sich wie die Makler und die Lehrer eine aufsteigende Gruppe. Ihr Aufstieg wird indes heute noch weit stärker frustriert als der der Blauen und der Roten. In den OECD-Ländern fallen viele junge Menschen in ein soziales Loch, eine Leere ohne Vergangenheit und ohne Zukunft. Die Schule langweilt sie, und Arbeit gibt es nicht. Die Familie hat ihre Kraft verloren, und an anderen Institutionen fehlt es. Manche krabbeln früher oder später aus dem Loch heraus; aber viele schaffen es nicht. Daß die OECD-Länder jungen Menschen das Gefühl geben, sie seien wenn nicht eine absteigende, so doch eine stagnierende soziale Gruppe, ja eine Nicht-Gruppe, macht sie einmalig in der Geschichte.

Allerdings gibt es durchaus verschiedene Reaktionen auf diese Lage. Es gibt sie auch in Deutschland. Indes ist der Wunsch, die Leere in Politik umzumünzen, nirgends so ausgeprägt wie in Deutschland. Das liegt teils am breiten sozialdemokratischen Konsensus. Es ist ja kein Zufall, daß dort, wo Politik Freund-Feind-Politik geblieben ist wie in England, die Grünen eher schwach sind. Die Labour Party tritt ohnehin für einseitige nukleare Abrüstung ein; die Liberalen sind sowieso für eine ausgeprägt dezentralisierte Gemeinde-politik; es bedarf also keiner »Bewegung«, um die Parteien an derlei Erfordernisse zu erinnern.

Indes gibt es auch in England die Leere der Jugend. Sie führt zu Apathie, zu Kriminalität, zu gelegentlichen Rebellionen. Deutschland aber ist nach wie vor in wichtigen Teilen eine vom Staat durchdrungene Gesellschaft. Daher muß selbst der Protest die Form der staatlichen Organisation, zumindest aber der Parteienbildung annehmen. Man zieht sich nicht auf sein alternatives Leben zurück und läßt den Staat Staat sein, sondern man drängt sich in dessen Dunstkreis, schimpft und protestiert, aber akzeptiert staatliche Mittel für politische Stiftungen, Fraktionsassistenten und Sitzungsgelder. Daß hier das unauflösliche Dilemma der Grünen liegt, ist evident. Sie finden breite Unterstützung, weil sie, um mit Petra Kelly zu sprechen, eine »Anti-Partei-Partei« sind; aber sie sind eben eine Partei. Das heißt, daß sie entweder wirkungslos bleiben, eine bloße Anti-Partei, oder aber zur Partei werden und damit ihre Wähler verlieren.

Die Grünen mögen der FDP Sorgen machen, den Liberalen stimmen sie nur nachdenklich. Denn die Aussichten auf Thatchertown, Epplertown und Kellytown sind nicht gerade erbaulich. Es sind Aussichten, in denen die Freiheit der Verlierer bleibt. Da werden Lebenschancen nicht erweitert, sondern entweder mutwillig begrenzt oder gewaltsam beschnitten. Wir können nun der Frage nicht mehr ausweichen: Gibt es eine liberale Alternative? Und bei ihrer Beantwortung tun wir gut daran, mit Kellytown zu beginnen, also mit der Tatsache, daß zuweilen jeder zwölfte Deutsche bereit ist, seine Stimme einer Anti-Partei zu geben.

Demokratie oder Demokratisierung

Soviel Zentralisierung wie nötig,
soviel Dezentralisierung wie möglich.

Demokratie ist kein Luxus der Reichen, kein Spiel zum Vergnügen mehr oder minder gebildeter Gladiatoren. Im Gegenteil, Diktaturen sind ein teurer Luxus sowohl der Reichen als auch der Armen. Diktatoren können kaum umhin, sich von den Interessen und Überzeugungen ihrer Untertanen zu entfernen, bis schließlich die Untertanen nur noch die Waffe der Gewalt haben, um sich zu wehren. Aufstände, Staatsstreiche, Bürgerkriege, Revolutionen sind die Folgen, zu denen blutige Polizeiaktionen, Verhaftungen ohne Verfahren, Zwangsarbeit, Konzentrationslager als andere Seite derselben Medaille gehören. Demokratie ist die Staatsform, die es erlaubt, Wandlungen in den Interessen und Überzeugungen der Bürger gewaltlos Rechnung zu tragen. Ihre Institutionen sind auf Legitimität in einem tieferen, gesellschaftlichen Sinne angelegt.

Denn hinter der Staatsform steht die Grundverfassung des Menschen in der Welt: Keiner weiß alle Antworten. Zumindest kann niemand sicher sein, daß seine Antworten richtig sind. Überdies können die richtigen Antworten von heute morgen falsch sein. Wir leben in einer Welt der Ungewißheit. Es kommt daher darauf an, dafür Sorge zu tragen, daß es möglich bleibt, verschiedene Antworten zu geben. Es kommt darauf an, die Chance des Fortschritts in das politische System einzubauen. Das ist der Sinn der Demokratie.

Dieser Sinn ist wichtiger als alle spezifischen Institutionen. Die Verpflichtung von Menschen auf die »FDGO« ist dann besonders abwegig, wenn sie sich auf die Einzelbestimmungen des Grundgesetzes bezieht. Das konstruktive Mißtrauensvotum, das Verhältnis zwischen Bund und Ländern, die indirekte Wahl des Bundespräsidenten und dergleichen mögen zu bestimmten Zeiten praktisch sein, aber derlei Regeln treffen den Kern der Notwendigkeit nicht, politische Institutionen zu schaffen, die Offenheit garantieren. Dies, nicht irgendeine bestimmte Regelung, gehört zum Grundbestand liberaler Verfassungspolitik.

»Garantieren« ist ein großes Wort im Hinblick auf Offenheit. Auch die beste Verfassung kann nicht verhindern, daß ein politisches System verharzt. Eben dies ist in der Bundesrepublik jetzt schon zum zweiten Mal geschehen. Noch die Forderung, die FDGO jederzeit getreulich zu befolgen, gehört in dieses Kapitel. Sie führt zu einer Verengung des öffentlichen Lebens, an deren Ende im günstigsten Fall eine »Anti-Partei-Partei«, im weniger günstigen Fall Gewalt und Terrorismus stehen. Der gefährliche Formalismus der Forderung muß gebrochen werden.

Aber es gibt noch schwerer wiegende Gefährdungen einer lebendigen Demokratie in Deutschland. Hier sind fünf davon:

Erstens. So vernünftig der sozialdemokratische Konsensus scheinen mag, schon die Tatsache eines breiten Konsensus in Sachfragen muß verdächtig stimmen. Es gibt nicht nur immer auch andere Meinungen, die unvertreten bleiben, sondern vor allem eine Tendenz der politischen Parteien, ihren Konsensus wichtiger zu nehmen als die tatsächlichen Entwicklungen der öffentlichen Meinung. Allzu lange schon drängeln sich die deutschen Parteien allesamt in der Mitte. Dabei haben sie nicht nur die Flanken offen gelassen, sondern auch übersehen, daß die Mitte selbst sich bewegt. Auf einmal stehen die Parteien neben der wirklichen Mitte und fangen an, über Unregierbarkeit zu jammern. In Deutschland kommt da noch etwas anderes hinzu. Es ist ja noch immer so, daß Konflikt als unfein gilt und Einigkeit als fein. Die Hessischen Rahmenrichtlinien für das Fach Gesellschaftslehre waren in der Tat ein einseitiges, undurchdachtes, unvertretbares Machwerk. Aber die Tatsache, daß in ihnen von Konflikten die Rede war, darf man ihnen nicht vorwerfen. Es gibt nicht nur verschiedene Meinungen, es muß sie sogar geben. Man mag hoffen, daß die noch unsicheren ersten Schritte zu neuen politischen Strukturen die politische Diskussion beleben, ohne die Spielregeln der Auseinandersetzung zu zerstören.

Zweitens. In allen modernen Staaten waren die letzten Jahrzehnte Jahrzehnte der Zentralisierung. Fast überall haben Gemeindereformen historisch gewachsene Einheiten zerstört. Fast überall hat die Zahl der Gemeinschaftsaufgaben zugenommen. Fast überall hat der Sozialstaat zu großen, oft zentralisierten Bürokratien geführt. Parallele Entwicklungen lassen sich übrigens auch in der Wirtschaft aufzeigen. Solchen Tendenzen gegenüber ist das liberale Grundprinzip zu betonen: soviel Zentralisierung wie nötig, soviel Dezentralisierung wie möglich. Das ist nicht nur ein Gebot der Freiheit und des Wirkungsspielraums des Einzelnen; es ist auch ein Gebot der Flexibilität und damit der Offenheit des Ganzen.

Drittens. In Deutschland hat sich vielerorts ein verfehlter Begriff des Pluralismus eingenistet. Davon, daß er nicht liberal ist, war schon die Rede. Gewiß ist es Voraussetzung und Folge der Demokratie, daß es verschiedene Parteien, vielfältige Organisationen, Medien mit kontroversen Meinungen gibt. In der Tat ist die Konkurrenz der Unterschiede ein Stück Demokratie. Aber eben Konkurrenz, sogar Konflikt. In Deutschland dagegen heißt Pluralismus nur allzuoft, daß alle überall vertreten sein müssen. Das ist nicht Offenheit, sondern Versäulung, Unbeweglichkeit. Es führt zu einem falschen Begriff von Ausgewogenheit, bei dem im Grunde nichts mehr geht. Nur wenn an die Stelle der pluralistischen Versäulung ein größeres Vertrauen in unabhängige Menschen tritt sowie die Bereitschaft, nicht immer gleich nach Eingriffen zu rufen, wenn man sich aufregt, kann die deutsche Demokratie offen bleiben.

Viertens. Die Rolle der Dritten Gewalt in der Demokratie stellt besondere Fragen. James Madison befürchtete (in den *Federalist Papers*), daß die Justiz zwischen Legislative und Exekutive zerrieben werden könnte, weil sie keine eigenen Instrumente der Durchsetzung hat. Tatsächlich ist es in den Vereinigten Staaten anders gekommen. Dort, aber stärker noch in der Bundesrepublik, greifen Recht und Justiz tief in die Prozesse der wirtschaftlichen und politischen Auseinandersetzungen ein. Wenn sogar das Maß der Staatsverschuldung für justitiabel gehalten wird, von der Mitbestimmung und der Deutschlandpolitik ganz abgesehen, dann wird das Recht zum Element politischer Unbeweglichkeit. Gewiß sollten die Institutionen des Rechts unter allen Umständen an die gemeinsamen Grundlagen des Gemeinwesens erinnern. Aber je stärker die Verrechtlichung der Politik fortschreitet, desto geringer wird ihr Bewegungsspielraum. Da kann es dann geschehen, daß das Recht selbst zum Hindernis bei der Verwirklichung der Grundregeln wird, die es doch verteidigen soll. Demokratie, für die nichts in letzter Instanz richtig ist, wird letzten Instanzen zur endgültigen Entscheidung überlassen.

Fünftens. Zu den ältesten Themen der Demokratiediskussion gehört die Frage des Verhältnisses von repräsentativen und plebiszitären Elementen in Entscheidungsprozessen. Die Frage hat durch das Stichwort der »Demokratisierung« im letzten Jahrzehnt eine neue Wendung bekommen. Insoweit unter Demokratisierung entweder Dezentralisierung oder der Versuch zu verstehen ist, unkontrollierte Entscheidungsbereiche in den demokratischen Prozeß einzubeziehen, ist kein Einwand nötig. Aber für viele bedeutet Demokratisierung mehr: die ständige Teilnahme aller an allem, in Parteien, in anderen Organisationen, in Kirchen, in Universitäten, wo immer. Diese Form der Demokratisierung aber zerstört eben die Demokratie, die sie erweitern soll.

Das ist eine harte, aber wichtige Feststellung. Wenn Demokratie Offenheit bedeutet, dann braucht sie Institutionen, die zweierlei leisten: Initiative und Kontrolle. Es muß möglich sein, neue Wege zu gehen, und es muß möglich sein, diejenigen, die diese Wege beschreiten, abzuberufen, um anderen andere Wege zu erlauben. Initiative ist also ein Schlüsselelement des demokratischen Prozesses. Nicht nur wer die Kontrolle erschwert, sondern auch wer die Initiative erschwert, beeinträchtigt diesen Prozeß und kann ihn am Ende zerstören. Die ständige Teilnahme aller an allem ist ebenso wie die Verwandlung von Repräsentanten in Delegierte mit imperativem Mandat ein Rezept zur Unbeweglichkeit und damit ein antidemokratisches Rezept. Ein Staatswesen, das seinen führenden Repräsentanten nicht einen Spielraum der Initiative läßt, muß erstarren – mit all den Folgen, die solche Erstarrung mit sich bringt. Es ist kaum nötig hinzuzufügen, daß auch in dieser Hinsicht viele Entwicklungen die Lebendigkeit der deutschen Demokratie eher beeinträchtigt als gefördert haben.

Als ich 1967 die Akademie gegen die Politik vertauschte, begann meine erste größere Rede mit dem Satz: »Es ist Zeit, daß in Deutschland wieder Politik gemacht wird.« Damit war gemeint, daß nach dem Aufbruch in der Ära Adenauer/ Erhard eine Zeit der Erstarrung eingesetzt hatte, die es aufzulösen galt, und zwar durch politisches, das heißt auch staatliches Handeln. Der Machtwechsel von 1969 war nötig, um die Offenheit der deutschen Demokratie zu beweisen. Die Beschwörung der Reformen bezog sich zu Recht auf staatliches Handeln, auch wenn es weitgehend bei der Beschwörung blieb. Eine entsprechende Rede heute muß um einen ganz anderen Satz kreisen: »Es ist Zeit, daß die Bürger Deutschlands die Erstarrung der politischen Institutionen durch ihr eigenes Handeln auflösen.« Gewiß bleiben die politischen Institutionen wichtig. Sie bedürfen jedoch der Veränderung, wenn die deutsche Demokratie lebendig bleiben soll. Soviel Zentralisierung wie nötig, soviel Dezentralisierung wie möglich – das bedeutet nicht, daß es keine zentralen, ja internationalen Aufgaben gäbe. Aber für den Liberalen bedeutet es, daß die wichtigsten Schritte in die Zukunft der Freiheit jetzt nicht vom Staat getan werden. Wenn der Machtwechsel von 1982 eine Bedeutung hatte, dann die, daß er das Ende des staatlichen Monopolanspruchs auf die Lösung sozialer Probleme markiert. Heute wird der Liberale vor allem hinschauen und hinhören, wenn Menschen darangehen, ihrem Leben unter veränderten Bedingungen Sinn zu geben; und was er tut, dient dem Zweck, diese Eigentätigkeit zu erleichtern.

Aber das ist ein Vorgriff. Zunächst ist es nötig, die veränderten Bedingungen selbst unter die Lupe zu nehmen.

Krise des Kapitalismus?

Ein neues sozialökonomisches Klima erschwert Wirtschaftswachstum für lange Zeit.

Es hat sich mehr verändert als nur das Wetter, die Konjunktur. Es reicht nicht mehr, den Regenschirm aufzuspannen oder auch ein, zwei Tage zu warten, bevor man sich wieder auf den Weg macht. Es ist noch nicht einmal nur die Wetterlage, die sich verändert hat, ein nachhaltiges Tief etwa nach einem stabilen Hoch. Vielmehr leben wir auf einmal in einer neuen Klimazone. Das sind harmlose Bilder für einen ernsten Prozeß. Wenn die These stimmt, daß ein neues sozialökonomisches Klima das Wirtschaftswachstum für lange Zeit erschweren wird, dann ist das die seit langem folgenschwerste Wandlung in den sozialen Bedingungen unserer Welt.

Ein Klimawechsel berührt nicht nur die OECD-Welt; alle Länder sind von ihm betroffen. Die Welt war eine Wachstumswelt, und sie ist es nach wie vor. Sie ist auf Wachstum eingestellt. Kommt es nicht mehr zustande, ergeben sich unabsehbare Folgen. Frustrierte Erwartungen sind noch die mindeste Konsequenz. Leerlaufende Institutionen sind schon gefährlicher. Der Zusammenbruch eines auf Wachstum eingerichteten Weltsystems beschleunigt noch den Prozeß, der ihn hervorruft. Entsprechendes geschieht innerhalb von Gesellschaften. »Sozialer Ausgleich bei ständigem Wirtschaftswachstum heißt die Preisaufgabe«, schrieb Karl-Hermann Flach 1971. Die Aufgabe war einfach; wahrscheinlich mußte man die Preisträger durch Losentscheid aus den vielen Lösungsvorschlägen ermitteln. Aber wenn das ständige Wirtschaftswachstum selbst zur Preisaufgabe wird, ist guter Rat teuer. Nicht nur menschliche Wohlfahrt wird dann beeinträchtigt, sondern der soziale Ausgleich gerät in Gefahr und mit ihm die demokratische Konkurrenz um höhere Erwartungen und größere Versprechungen.

Es ist nützlich, mit einer Erinnerung zu beginnen. Das Vierteljahrhundert, das in den Vereinigten Staaten in den frühen, in den europäischen Staaten in den späten vierziger Jahren und in Japan noch etwas später begann, war in jeder Hinsicht ungewöhnlich. Nie zuvor in der Geschichte hat es ein Wirtschaftswachstum gegeben, wie es die OECD-Länder (und nicht nur sie) in dem Vierteljahrhundert der Nachkriegszeit erlebt haben. Nie zuvor in der Geschichte! Das ist ein großes Wort; es trifft dennoch zu. In 25 Jahren hat sich in Deutschland das Bruttosozialprodukt mindestens verdreifacht und das durchschnittliche Realeinkommen mindestens vervierfacht. Ähnliche Entwicklungen haben in allen OECD-Ländern stattgefunden. Viele Jahre lang war die einzige Frage die, um wieviel das Bruttosozialprodukt wachsen würde. Vier, fünf, sechs Prozent? Unternehmen erwarteten wie selbstverständlich eine ständige Steigerung ihres Umsatzes und auch ihres Gewinns, damit ihrer Investitionen. Für den Einzelnen stand es außer Zweifel, daß sein und sogar ihr Realeinkommen rascher anstieg als die Teuerungsrate, die ihrerseits lange niedrig blieb.

Die Erinnerung ist wichtig, weil sie an eine menschliche Grunderfahrung rührt. Denn daß es nicht immer so weitergehen konnte, haben viele schon seit langem gesagt. Mehr und mehr Menschen hatten das dumpfe Empfinden, daß alles zu rasch und zu weit gegangen sei. Das beweist wenig. Es ist als solches auch sicher keine Erklärung des Klimawechsels in den siebziger Jahren. Aber es zeigt zweierlei: Ständiges, rasches Wachstum hat auch etwas menschlich Belastendes, ja Beängstigendes an sich; und die Einstellungen von Menschen zeigen eine größere Bereitschaft zum Wandel als die Strukturen von Institutionen. Menschen gehen nicht daran kaputt, daß ihr Realeinkommen stabil bleibt oder sogar etwas schrumpft; Firmen und Staaten dagegen wissen dann nicht mehr weiter. Sie begeben sich in den Zirkel der Verschuldung, der als Zeitbombe unter dem Weltwirtschaftssystem tickt.

Manche Wirtschaftshistoriker knüpfen direkt an die Erfahrung an, daß im Leben auf jedes Auf ein Ab (und natürlich auch auf jedes Ab ein Auf) folgt. Sie sprechen von sogenannten langen Zyklen und berufen sich dabei auf den in Stalins Lagern verschollenen russischen Ökonomen Kondratieff. Walt Rostow, der amerikanische Ökonom und frühere Präsidentenberater, hat in seinem Buch über die Weltwirtschaft (»The World Economy«) die Kondratieff-Zyklen seit 1790 nachzuweisen versucht: Immer ging es ungefähr 27 Jahre bergauf und 27 Jahre bergab. Rostow folgert aus seiner notwendigerweise auf dünnem Datenmaterial beruhenden Untersuchung, daß uns nun wieder eine Phase des Abschwungs bevorsteht.

Das mag wohl sein. Es stimmt überdies, wie gesagt, mit einer menschlichen Grunderfahrung überein. Für den, dessen Verständnis von Gesellschaft und Geschichte an Popper geschult ist, ist es dennoch höchst unbefriedigend. Histori-

sche Gesetze gibt es nicht; jedenfalls können wir keine solchen Gesetze erkennen. Wenn es schon so sein sollte, daß
wir einer Zeit des Abschwungs entgegengehen, dann muß es
dafür Gründe geben.

Das ist kein Ruf nach Futurologie. Denn daß sich das
sozialökonomische Klima seit dem Anfang der siebziger
Jahre verändert hat, steht heute außer Zweifel. Von den
Daten war schon die Rede: dem Zerfall des Weltwährungssystems 1971, den »Grenzen des Wachstums« 1972, dem
ersten Ölschock 1973. Wichtiger ist die langsame Verschie-
bung der Sprache auch der Experten. Zuerst war von einer
schlechten Konjunkturlage die Rede, einem leichten Knick
in den aufwärtsstrebenden Kurven des Wachstums. Dann
begann man, von einer Rezession zu sprechen, also einer
nachhaltigeren Störung vertrauter Muster. Inzwischen reden
alle besorgt von der langanhaltenden Rezession und davon,
daß Schlimmes geschehen wird, wenn nicht die amerikanische Wirtschaftspolitik greift oder sonst etwas Ermutigen-
des geschieht. Und schon sprechen manche von Depression,
ohne doch recht zu wissen, was sie damit meinen. (Im
Grunde war die Depression der dreißiger Jahre eher ein
massiver konjktureller Einbruch als ein langanhaltender
Prozeß der wirtschaftlichen Schwäche; das dramatische Beispiel des »Schwarzen Freitags« täuscht über die viel ernste-
ren Entwicklungen unserer Tage hinweg.) Jedenfalls ist eine
Zeit gekommen, in der Wachstumsprognosen ständig nach
unten korrigiert werden. Ein Wachstum von einem Prozent
gilt manchem schon als einigermaßen befriedigend. In vielen
Ländern ist das eingetreten, was mit einem verräterischen
Ausdruck »negatives Wachstum« genannt wird.

Warum? Die Antwort ist, daß wir heute den Preis für

unsere Erfolge von gestern bezahlen. Die beiden Hauptursachen für die Wachstumsstockungen der Gegenwart – steigende Kosten und schrumpfende Märkte – sind beide Folgen der Expansion und ihres Tempos. Sie werden daher so leicht nicht von der Bildfläche der Weltwirtschaft verschwinden.

Wachstum ist teuer geworden, so teuer, daß diejenigen, die es anregen sollten, sich nicht mehr heranwagen, ja es sich vielleicht nicht mehr leisten können. Die neuen Kosten sind einerseits höchst konkret. Ölpreise sind ein offenbares Beispiel; auch andere Rohstoffe sind bei aller Fluktuation der Weltmarktpreise im Effekt teurer geworden. Das mag zwar aus langer Perspektive nicht sehr überraschend sein, hat indes unzweifelhaft eine wachstumsdämpfende Wirkung gehabt.

Teuer ist vor allem jedoch die menschliche Arbeit. Die enorme Steigerung der Reallöhne in den letzten Jahrzehnten ist sicher eine der großen Errungenschaften des sozialdemokratischen Jahrhunderts. Sie bedeutet aber auch, daß wir uns manches nicht länger leisten können. Bestimmte Dinge, vor allem Dienstleistungen, werden überhaupt nicht mehr angeboten; bei anderen denken Unternehmer und Investoren dreimal nach, bevor sie auf Expansionskurs gehen.

In diesem Zusammenhang müssen auch die indirekten Kosten menschlicher Arbeit erwähnt werden. Sozialpolitische Maßnahmen gehören ebenfalls auf die Habenseite der Entwicklungen des letzten Jahrhunderts; das gleiche gilt für Maßnahmen der Sicherheit am Arbeitsplatz und mehr noch der Sicherheit des Arbeitsplatzes. Alle diese Entwicklungen sind freilich zugleich Wachstumshemmnisse. Mancher Unternehmer wird zögern, einen größeren Auftrag anzunehmen, wenn er nicht sicher ist, ob er die dafür neu einzustellenden Arbeitskräfte am Ende wieder entlassen darf. Regelungen vielfacher Art schlagen sich ohnehin in den Kosten der Expansion nieder. Auch die Umweltpolitik hat sicher nicht nur wachstumsfördernde Wirkungen gehabt. Zum Thema der Kosten gehört schließlich die Technik. Gewiß haben technologische Entwicklungen zum Teil darum stattgefunden, weil ihre Resultate billiger sind, als wenn menschliche Arbeitskraft sie erbringen müßte. Technik wird nicht aus Spaß eingeführt, sondern aus harten Kosten-Nutzen-Erwägungen. Aber zumindest die Großtechnologie ist ihrerseits teuer. Eine neue Generation von Dieselmotoren, vom Schweren Brüter ganz zu schweigen, verlangt einen Aufwand, der selbst institutionelle Investoren abschreckt. Daher verlangsamt sich der Rhythmus der Innovation und mit ihm auch das Tempo des Wachstums.

Man könnte die Liste fortführen. Ihre Bestandteile zeigen alle dasselbe Bild: Die massiven Fortschritte der letzten Jahrzehnte sind heute zu den Ursachen der Probleme von morgen geworden. Das Wachstum der Vergangenheit hat gleichsam unbemerkt zu wirtschaftlichen Größenordnungen geführt, die Investitionen und Innovationen nicht nur bürokratisch erschweren, sondern nahezu unerschwinglich machen. Die Verbesserung menschlicher Wohlfahrt durch Realeinkommen wie durch Schutzmaßnahmen vielerlei Art hat sichtbare und unsichtbare Kosten zur Folge gehabt, die es heute unwahrscheinlich machen, daß das Wachstum der Vergangenheit aufrechterhalten werden kann. Wir verheddern uns in den Widersprüchen der Modernität.

Das gilt auch für die zweite Gruppe von Ursachen für die Wachstumshemmnisse unserer Zeit, die die Märkte betrifft.

Daß die inneren Märkte der OECD-Länder gesättigt seien, ist eine eher verdächtige Behauptung. Nicht nur fehlt es vielen an vielem, sondern auch diejenigen, die scheinbar alles haben, sind noch potentielle Konsumenten. Hier ist also Vorsicht am Platze. Dennoch bleibt in der These von der Sättigung der Märkte eine Spur von Wahrheit. Gibt es nicht doch zu viele Produzenten von Waschmaschinen? Sind drei parallele Systeme für Videorecorder wirklich eine Antwort auf Forderungen des Marktes? Hat die Luxus-Technologie nicht ein Ausmaß erreicht, das zu Firmenzusammenbrüchen führen muß? Eine Spur des Wachstums um seiner selbst willen ist in den OECD-Ländern durchaus erkennbar. Hier liegt übrigens ein Hauptgrund für die Wachstumsfeindschaft vor allem junger Leute.

Wichtiger indes ist eine andere Entwicklung – oder vielmehr Nicht-Entwicklung – der Märkte. Sie betrifft die Märkte der Welt. Das Wirtschaftswachstum der OECD-Länder beruhte zumindest zum Teil auf der Möglichkeit, immer neue Außenmärkte zu eröffnen. Exportgeleitetes Wachstum gilt nach wie vor als wichtigster Motor. Für dieses Wachstum aber reichen die Märkte der bereits entwickelten Länder auf die Dauer nicht. Vielmehr ist es nötig, neue Länder zu effektiven Märkten zu machen. Da haben die »nics«, die Schwellenländer, eine Schlüsselfunktion. Es ist deshalb durchaus verständlich, daß die OECD-Länder große Anstrengungen unternommen haben, um den Schwellenländern über die Schwelle zu helfen.

Dieser Prozeß hat nun aber in zwei parallele Schwierigkeiten geführt. Die erste Schwierigkeit liegt darin, daß Schwellenländer notorisch instabil sind. Seit dem Ende des letzten Jahrhunderts sind ja alle modernisierenden Länder eher dem deutschen als dem englischen Muster gefolgt, das heißt, sie haben den Prozeß der Modernisierung mit einem hohen politischen Preis bezahlt. Der Iran bietet ein Beispiel aus jüngster Zeit. In der Tat findet man auf der Liste der Hauptkunden der Bundesrepublik Deutschland für große neue Industrieprojekte beinahe nur gefährdete Länder, die morgen die Projekte kündigen, die daran Tätigen ausweisen und damit das heimische Wachstum stoppen können.

Parallel zu politischen Schwierigkeiten laufen indes wirtschaftliche Schwierigkeiten. Damit das Wachstum der OECD-Länder aufrechterhalten werden kann, müssen die Schwellenländer sehr rasch wachsen. Die Länder selbst wollen das auch, insbesondere wenn sie Öl oder andere wichtige Rohstoffe besitzen. So werden gigantische Kredite gegeben und genommen, bis sich auf einmal herausstellt, daß es so rasch nicht geht. Für beide Seiten gilt gleichsam, daß die Augen größer waren als der Mund. Und auf einmal werden die großen Hoffnungen der Zukunft zu den großen Gefahren. Mexiko liefert dafür ein eindringliches, aber keineswegs das einzige Beispiel. Industriefirmen geraten in Schwierigkeiten. Vor allem aber wird das Bankensystem der OECD-Länder prekär; es ist in der Tat die verwundbarste Stelle dieser Länder.

Auch das ist eine Entwicklung, die aus den Institutionen der Wachstumsgesellschaft folgt. Sie kann mit dem Radfahrer verglichen werden, der umfällt, wenn er stehenbleibt. Wir sind nicht auf eine langanhaltende Periode der Stagnation eingestellt, und wir tun daher Dinge, die unbeabsichtigt diese Stagnation verstärken. Wenn der AEG einmal die erste größere Bank gefolgt ist, werden die Wachstumsaussichten der Bundesrepublik noch schwächer. Anderen Ländern der OECD-Welt geht es nicht besser.

Die Klimaveränderung der Wachstumsgesellschaft hat weltwirtschaftliche Folgen, die dem Bild noch weitere düstere Farben hinzufügen. Diese sind teils Ursache, teils Folge der anhaltenden Rezession. So führt die Angst vor der Wachstumsschwäche viele Länder zu protektionistischen Maßnahmen, die den Verlust an Wachstumschancen multiplizieren. So verstärken die Unberechenbarkeiten des Weltwährungssystems das mangelnde Vertrauen der Investoren. Es ist nur noch in der Theorie leicht, solchen Tendenzen eine liberale Position entgegenzuhalten: Die Wiederherstellung eines stabilen Weltwährungssystems ist eine entscheidende Aufgabe; solange sie nicht bewältigt ist, müssen wenigstens Inseln monetärer Stabilität, wie das Europäische Währungssystem (EMS), erhalten werden. Alle Einschränkungen des freien Welthandels vermindern Wachstumschancen; auch wenn die Verteidigung dieser Position unpopulär ist, ist sie nötig. Der Internationale Währungsfonds (IMF) hat eine Schlüsselstellung bei dem Versuch, die Starken stark zu halten und die Schwächeren stark zu machen. In der Praxis sind solche Ziele fast nicht mehr durchzuhalten; immer wieder ist der Liberale zu Kompromissen gezwungen.

Dabei gibt es eine internationale Konsequenz der hier geschilderten Entwicklungen, die noch schwerer wiegt als alle anderen. Mancher könnte ja aus dem düsteren Kolossalgemälde der OECD-Welt schließen, daß nun jene Krise des Kapitalismus tatsächlich eingetreten sei, die Marx bereits vor über hundert Jahren vorhergesagt hat: Die kapitalistische Welt geht an ihren eigenen Widersprüchen zugrunde. Wie immer es damit stehen mag – und die Frage wird in den nächsten Abschnitten zu beantworten sein –, die OECD-Welt ist nach wie vor der Schrittmacher der Weltwirtschaft überhaupt. Wenn die OECD-Wirtschaften wachsen, dann machen auch die des RGW und der Gruppe der 77 Fortschritte. Wenn die OECD-Wirtschaften stagnieren, dann geht es mit denen des RGW und der Gruppe der 77 bergab. Ob man es mag oder nicht, das Schicksal der übrigen Welt hängt in wichtigen Fragen von dem der OECD-Länder ab.

Für einen Teil der Länder der Gruppe der 77 ist das bereits gezeigt worden. Die Schwellenländer sind in eine Lage gekommen, in der die neuen Hilfen, die sie bekommen, gerade noch ausreichen, um die Zinsen für die Hilfen von gestern zu bezahlen. Sie sind die Problemkinder der Weltwirtschaft geworden. In den ärmeren Entwicklungsländern sieht es aber noch schlimmer aus. Nirgends war die Wirkung der Ölschocks so nachhaltig wie in diesen Ländern, von der Energieversorgung bis zum Kunstdünger. Nirgends übrigens wog auch die Wirkung der Inflation in den OECD-Ländern so schwer; zum Ölschock kam der Preisschock für Maschinen und Ausrüstungen aus dem Westen. In nahezu all diesen Ländern finden wir daher ein geschwächtes Wirtschaftswachstum, das hinter dem Bevölkerungswachstum herhinkt. Mit anderen Worten: es geht den meisten Menschen immer schlechter; Millionen leben am Rande des Verhungerns. Die westliche Wirtschaftsschwäche ist nicht nur ein Teil der Ursachen für diese Entwicklung, sondern auch ein Grund für die weithin fehlende Hilfe selbst noch zur Befriedigung der menschlichen Grundbedürfnisse.

Abhängig sind aber auch die Länder des RGW. Zum Teil liegt das auf der Hand. Kaum jemand hat stärker unter dem Wertverlust des Dollars in den siebziger Jahren gelitten als jene Polen, die die Überweisungen von den Verwandten aus Detroit gespart hatten, um sich einen Fiat Polski zu kaufen. Heute ist Polen eines der großen Sorgenkinder der internationalen Banken. Ungarn hat sich an den IMF gewandt und wird nun überlegen müssen, ob es dessen Auflagen akzeptieren kann. Noch sehen manche westlichen Firmen im Osten Wachstumschancen, vom Bau von Autobahnen in der DDR bis zum Bau der sibirischen Erdgasleitung; doch schon schleicht sich der Verdacht ein, daß auch diese Schuldner immer mehr schlechte Schulden haben werden. Direkt und indirekt wirken sich Währungsschwankungen, Handelsbeschränkungen und Wachstumsschwäche der OECD-Welt auf die Wirtschaft der RGW-Länder aus.

Darauf gibt es zwei Antworten. Man kann sich abwenden, ja, schlimmer noch, die vorhandenen Abhängigkeiten als politische Waffe benutzen, um Systeme zu ändern oder gar den anderen in die Knie zu zwingen. Das ist indes ebenso unpraktisch wie unverantwortlich. Man kann nämlich auch die besondere Verantwortung der OECD-Länder ernst nehmen und daran gehen, ein internationales Regelwerk zu stabilisieren oder neu zu schaffen, durch das alle Teile der Welt gedeihen. Das letztere ist die liberale Lösung. Aber sie setzt wiederum jene Haltung voraus, die heute so schwer zu erzielen ist, nämlich Selbstbewußtsein. Die These, daß man zuerst sein eigenes Haus in Ordnung bringen muß, bevor man anderen helfen kann, ist in diesem Zusammenhang gefährlich: Ganz und gar in Ordnung ist das eigene Haus nie, so daß die These zum Alibi für Provinzialismus und Protektionismus werden kann. Wir brauchen also beides, eine stabile internationale Ordnung und eine selbstbewußte OECD.

Wohlfahrt ohne Wachstum

*Wir sind am Ende einer Periode
der Geschichte angekommen,
in der der Wirtschaftsprozeß
alle Lebensbereiche beherrscht.*

Wachsende Wohlfahrt ist auch bei schwachem Wirtschaftswachstum möglich. Das klingt widersprüchlich und verlangt
ein Wort über Begriffe. Wohlfahrt (im Sinne der Wohlfahrtsökonomie) ist mehr als Wohlstand, jedoch weniger als
Lebenschancen. Wohlfahrt umfaßt auch diejenigen Elemente menschlicher Befriedigung, die sich nicht oder nur
mühsam in Mark und Pfennig ausdrücken lassen. Gewiß
gehört das Realeinkommen ebenso dazu wie die Ansprüche
auf Sozialleistungen. Aber hier zählt auch die Humanität der
Arbeitsorganisation, die Mitbestimmung; der physische und
menschliche Komfort des Wohnens; die Lebensumwelt; die
Möglichkeit, am Arbeitsplatz brachliegende Talente zu entfalten; Bildungschancen, Unterhaltungchancen, Teilnahmechancen – die Liste ist lang. Ihr gemeinsames Kennzeichen
ist, daß sie den üblichen quantitativen wichtige qualitative
Elemente hinzufügt (wobei Sozialwissenschaftler und auch
internationale Organisationen, vor allem die OECD, plausible Versuche unternommen haben, die Qualitäten zu messen). Wohlfahrt in diesem Sinne kann also auch bei schwachem Wachstum steigen.

Damit das geschieht, ist indessen sozusagen ein liberaler
Doppelbeschluß nötig. Dessen erste Hälfte bezieht sich auf

Wohlstand im traditionellen Sinne. An keinem Punkt haben wir hier einem Nullwachstum das Wort geredet. Nullwachstum kann kein sinnvolles, übrigens auch kein praktisches Ziel der Politik sein. Sinnvoll kann es nicht sein, weil es den Armen die Armut empfiehlt und den Reichen den Reichtum läßt, wenn es nicht alle arm macht. Praktisch kann es nicht sein, weil der, der es auf Nullwachstum anlegt, mit hoher Wahrscheinlichkeit bei einem negativen Wachstum von osteuropäischen Ausmaßen enden wird. Das Thema lohnt fast die Diskussion nicht. Natürlich ist Wachstum wünschenswert. Das Problem liegt darin, daß es schwierig geworden ist und wohl noch für längere Zeit schwierig sein wird, Wachstum zu ermöglichen.

Das verlangt zunächst im engeren Sinn wirtschaftliche Politiken und Prozesse. Auch schwaches Wachstum läßt sich nur aufrechterhalten, wenn erhebliche Anstrengungen unternommen werden. Zum Beispiel sind tiefgreifende und oft schmerzhafte Anpassungsprozesse nötig. Derlei Anpassungsprozesse hat es seit langem gegeben; man denke nur an die Landwirtschaft oder die Eisen- und Stahlindustrie. Aber in einer Zeit, in der neue Produktions- und Beschäftigungsmöglichkeiten nicht so leicht zu finden sind wie in den fünfziger und sechziger Jahren, bedeutet Anpassung mehr. Sie erfordert Bereitschaft zur Umschulung, zur Mobilität, andererseits auch zur Erkundung neuer unternehmerischer Möglichkeiten, neuer Industrien, vielleicht neuer Dienstleistungen. Nur Länder, denen diese Anpassungsprozesse gelingen, werden wenigstens schwaches Wirtschaftswachstum erreichen. Auch als Zwang zu solcher Anpassung ist übrigens der freie Handel unentbehrlich.

In den gleichen Zusammenhang gehört eine andere Beobachtung (die überaus allgemein beschrieben wird, weil in dieser knappen Darstellung notwendig mit generellen Aussagen operiert werden muß). Tatsächlich gibt es auch in einer Welt schwachen, ja selbst negativen Wachstums Nischen der Expansion. Manchmal gelingt es ganzen Volkswirtschaften, eine solche Nische für sich zu besetzen. Japan schafft das wohl nur noch mit Einschränkungen; aber Korea und Taiwan tun es nach wie vor. Häufiger gelingt es bestimmten Branchen oder auch einzelnen Firmen. Die deutsche Automobilindustrie liefert ein Beispiel, aber auch einzelne große und mittlere Unternehmen in allen OECD-Ländern. Es wird in der kommenden Zeit viel darauf ankommen, ob Unternehmen und Volkswirtschaften auch scheinbar abseits liegende Expansionschancen aufspüren und ausnutzen.

Auf der gleichen Ebene liegt die Notwendigkeit von Initiative und Innovation. Keine Volkswirtschaft kann den einmal erreichten Stand der materiellen Wohlfahrt halten, wenn sie nicht an der Front der technischen Entwicklung tätig bleibt und immer neue Menschen zur Initiative anregt. Unternehmensgründungen sind selbst dann ein Symptom wirtschaftlicher Stärke, wenn heute vielfach nicht mehr mit einem raschen Wachstum vom kleinen Familienbetrieb zum mittleren Unternehmen und weiter zum Großunternehmen gerechnet werden kann. Auch die Betriebe der Alternativökonomie zeigen Initiative. Fehlende Innovation ist entsprechend ein Zeichen für die Schwäche einer Volkswirtschaft. Die Bundesrepublik ist hier nicht unbeträchtlich zurückgefallen. Sie hat sich möglicherweise zu sehr auf die Kräfte des Marktes verlassen.

Zwei Kommentare zu diesem Aspekt der Wohlfahrt sind nötig. Der erste erinnert daran, daß es keine wirtschaftspolitischen Patentlösungen gibt. Weder die angebotsorientierte noch die nachfrageorientierte Wirtschaftspolitik kann allein das Nötige bewirken. Weder der sich selbst überlassene Markt noch die staatliche Industriepolitik reichen aus. Weder der völlige Rückzug des Staates aus der Wirtschaft noch die ständige Einmischung des Staates helfen uns weiter. Wirtschaftspolitik muß heute eine pragmatische Mischung von Methoden sein, oder aber sie wird zu einer Quelle der Enttäuschung. Das bedeutet auch, daß Wirtschaftspolitik nicht zu den aufregenden Politiken der Gegenwart gehört. Daran wird deutlich, daß dies keine Zeit des Aufbruchs ist. Wirtschaftspolitik muß vernünftig, dogmenfrei und mit einem einzigen Ziel verfolgt werden: die Wirtschaft soll funktionieren.

Das hat nicht nur für die Blauen, die Roten und die Grünen, sondern auch für die Freiburger Liberalen Folgen. Gewiß bleibt die Forderung einer »liberalen Reform des Kapitalismus« von schöner programmatischer Vieldeutigkeit, wenn die Absicht der Reform darin gesehen wird, »ebenso die Leistungsfähigkeit dieses [kapitalistischen] Wirtschaftssystems zu erhalten und zu steigern, wie seine Menschlichkeit zu gewährleisten und sicherzustellen«. Die Problematik beginnt erst mit den »gezielten Maßnahmen« an den »kritischen Punkten des kapitalistischen Systems«, also bei dem, was Karl-Hermann Flach am »unkorrigierten freien Wettbewerb« geißelt: »Weil diese Art von Freiheit totale Ungleichheit produziert, erzeugt sie auch ein System von Unfreiheit bei der Mehrheit.«

Hier sind in einem veränderten Klima Zweifel angebracht. Vielleicht waren sie schon immer am Platze: »totale Ungleichheit« war schwerlich kennzeichnend für freie Wirtschaften. Heute gilt jedenfalls, daß ordnungspolitische Ideologien in aller Regel nicht dazu beitragen, daß die Wirtschaft funktioniert. Das ist weder ein Argument gegen die Mitbestimmung noch eines gegen breitere Vermögensstreuung – und übrigens auch keines gegen die Ermutigung von Investitionen und Ent-Regulierung. Lassen wir die großen Vokabeln und mehr noch die großen Programme! Nehmen wir es hin, daß unser Wirtschaftssystem keinem Lehrbuchmodell entspricht und vielleicht gerade darum funktioniert. Suchen wir die Punkte, an denen Wirtschaftspolitik nötig ist. Aber geben wir im übrigen denen, in deren Händen die Zukunft des Wohlstandes liegt, soviel Spielraum wie möglich.

Denn es ist ja noch ein zweiter Kommentar zum bisher Gesagten nötig. Niemand kann heute ehrlicherweise versprechen, daß es bis zum Ende des Jahrhunderts wirtschaftlich bergauf gehen wird. Ich würde im Gegenteil vermuten, daß im Jahre 2000 die meisten Menschen in den OECD-Ländern, also auch in Deutschland, ungefähr dasselbe Realeinkommen wie heute haben. Für manche dürfte es eher etwas sinken. Es gibt keinen erkennbaren Grund für Versprechungen einer erheblichen Verbesserung der Realeinkommen oder auch nur der volkswirtschaftlichen Gesamtleistung. Das muß ehrlich gesagt werden, dann wird es auch verstanden.

Es ist nämlich der Anknüpfungspunkt für die andere Seite des liberalen Doppelbeschlusses in Sachen Wohlfahrt, für jene Bereiche, die sehr viel schwerer zu messen sind. Hier gibt es Wachstumschancen, deren Ausmaß wir vielleicht noch nicht einmal ahnen. Ein paar Beispiele weisen in die Richtung, in der die Zukunft zu suchen ist.

Schon der gängige Maßstab des Bruttosozialprodukts ist ja höchst zweifelhaft. Eben darum hat die OECD und haben einzelne Länder andere Maßstäbe an die Seite der traditionellen Maße gestellt; darum gibt es auch bei großen Firmen ein Sozialbudget neben dem traditionellen Haushalt. Vieles hat sich verbessert (so durch Mitbestimmung) oder verschlechtert (etwa durch Umweltbelastungen), ohne daß derlei Entwicklungen einen direkten Bezug auf das Bruttosozialprodukt hätten. Der Maßstab ist übrigens auch in einem engeren Sinn zweifelhaft: Er unterschätzt sogar das Wachstum des individuellen Wohlstandes in einer Zeit, in der wichtige Produkte billiger und nicht teurer werden. Eine Uhr, ein Radio, ein Fernsehgerät ist nicht nur wegen steigender Realeinkommen, sondern vor allem wegen fallender Produktpreise sehr viel mehr Menschen zugänglich als vor zwanzig Jahren. Offizielle Statistiken unterschätzen also den tatsächlichen Wohlstand der Bevölkerung der OECD-Länder. Das wird auch in Zukunft so sein.

Es gilt ebenso für einen anderen Aspekt, der schon näher an die qualitative Wohlfahrt heranführt, nämlich die Parallel- oder Schattenwirtschaft. Es ist mittlerweile Mode geworden, von ihr zu reden. In der Tat ist sie ein florierender Zweig der meisten modernen Volkswirtschaften und einer, der den in ihr Tätigen nicht nur Einkommen, sondern auch Befriedigung verschafft. Natürlich ist die Schattenwirtschaft ein schlimmes Zeugnis für die offizielle Wirtschaft und vor allem für die in ihr geltenden Restriktionen und Reglementierungen. Aber sie legt auch ein gutes Zeugnis ab für den unbändigen Lebenswillen von Individuen; sie ist ein wahres Dokument der Liberalität. Was immer Handwerkskammern und Steuerbehörden daher sagen, die Schattenwirtschaft ist für die menschliche Wohlfahrt in wachstumsschwachen Gesellschaften unentbehrlich.

Noch tiefer in die Qualität des Lebens führt das Thema der Verbesserung unserer Lebensumwelt. Vielleicht hat dieses Thema darunter gelitten, daß es zu stark mit dem Bleigehalt im Benzin, den Gefährdungen durch Asbest und der Filterung der Abgase chemischer Fabriken verbunden wird. Nicht daß diese unwichtig wären. Die Umweltgesetzgebung kann schon heute spürbare Erfolge vorweisen. Sie hat übrigens auch eine neue Industrie, eben die Umweltindustrie, ins Leben gerufen. Dennoch ist Gesetzgebung nur ein Teil dessen, was nötig ist. Die Betonierung der Städte ist kein Resultat von Gesetzen. Das gleiche gilt für die Unwirtlichkeit unserer Wohnwelt. Der alleszerstörende Lärm des modernen Lebens ist weder gesetzlich zu verordnen noch gesetzlich zu beseitigen. Gewiß, hier und da sind politische Entscheidungen möglich und auch nötig. Aber mehr noch brauchen wir eine Veränderung der Einstellungen. Hier wie auch sonst sind Gesetze Schall und Rauch, wenn sie nicht von den Bürgern mit Leben erfüllt werden. Wenn wir eine lebenswerte Umwelt wollen, müssen wir als Einzelne und in Gruppen dafür sorgen, daß wir sie behalten oder wieder herstellen.

Das klingt ein bißchen abstrakt, und so sei hinzugefügt, um keinen Zweifel an den hier gemeinten Absichten zu lassen: Wohnhochhäuser nein – Fußgängerzonen ja; Startbahn West nein – Schwellen in Wohnstraßen, die zum langsamen Fahren zwingen, ja; Motorboote auf Binnenseen nein – öffentliche Spazierwege an See- und Flußufern ja. Wohlfahrt in einer Welt schwachen Wirtschaftswachstums darf gewiß die verbleibenden Wachstumschancen nicht zerstören. Aber es bleiben viele Möglichkeiten des Wandels, die eine Abkehr von schlechten Gewohnheiten der Wachstumsgesellschaft erlauben.

Ein letztes Beispiel sei noch erwähnt; viele andere bleiben beiseite. Humanisierung der Arbeitswelt ist zu einem Schlagwort geworden; man zögert, es zu verwenden. Dennoch gibt es fast grenzenlos viele Möglichkeiten, die stupide Mechanik von Arbeitsvorgängen aufzulösen, Arbeit menschlicher zu machen. Gruppenarbeit à la Volvo ist nur ein Beispiel, übrigens eines, das bis auf den heutigen Tag funktioniert. Flexible Arbeitszeit bis hin zur flexiblen Lebensarbeitszeit wird zwar viel erörtert, aber diesseits des Atlantik nur selten verwirklicht. Warum hört der Markt bei der Organisation des Arbeitslebens auf? Es spricht vieles für die Annahme, daß zum Beispiel die freie Organisation des Arbeitsjahres durchaus verträglich ist mit den Zwecken von Unternehmungen. Überhaupt hat die Humanisierungsbewegung manches gemeinsam mit der *human-relations*-Bewegung der zwanziger Jahre: Beide eröffnen qualitativ bessere Wohlfahrtschancen, während sie zugleich den Leistungsprozeß selber eher fördern als behindern.

Wie gesagt, so könnte man fortfahren. Die Gleichung »Wohlfahrt gleich Wohlstand plus Humanität« öffnet Tür und Tor für viele Möglichkeiten des Wandels. Das *ist* ein Themenwechsel oder doch der Anfang davon. Der Wechsel von Quantität zu Qualität, von Wohlstand zu Wohlfahrt verlangt vom Einzelnen neue Einstellungen; dafür sind viele Voraussetzungen schon gegeben. Er verlangt aber auch von Unternehmen und Organisationen neue Orientierungen; und es ist noch keineswegs klar, ob diese dazu bereit sind. Selbst der Staat, will sagen: die Auseinandersetzung der Parteien, kann nicht so bleiben. Wir müssen die Zeit der falschen Versprechungen beenden und von dem sprechen, was nicht nur möglich ist, sondern neue Horizonte eröffnet. Das heißt auch und vor allem, daß wir am Ende einer Periode der Geschichte angekommen sind, in der der Wirtschaftsprozeß alle anderen Lebensbereiche beherrscht. Derlei wird leicht mißverstanden. Natürlich bleibt eine funktionierende Wirtschaft als Basis des Wohlstandes wichtig. Aber wir sind dabei, uns von der sozialdemokratischen Wirtschaftsgesellschaft zu verabschieden. Die neuen Themen sind nicht in erster Linie ökonomisch bestimmt. Es sind Themen, die mit dem Reich der Freiheit zu tun haben.

Die Tätigkeitsgesellschaft

*Wir müssen künftig weder mehr
arbeiten noch nur weniger arbeiten,
sondern anders arbeiten.*

Nirgends ist das Reich der Freiheit so mit Händen zu greifen und doch so flüchtig wie in der Welt der Arbeit. Es ist nicht meine Absicht, menschliches Leiden in romantischen Nebel zu hüllen. Arbeitslosigkeit und Unterbeschäftigung sind Geißeln der Zeit, in der OECD-Welt und jenseits ihrer Grenzen. Nur eben liegt die Rettung nicht in der Rückkehr zur Welt von gestern. Wir müssen weder mehr arbeiten noch nur weniger arbeiten, sondern anders arbeiten, nämlich tätig werden, wenn wir die Chance nutzen wollen, die die Krise der Arbeitsgesellschaft uns bietet. Das aber verlangt, daß wir nicht blind handeln, sondern zuerst die Wege aufspüren, die dieses alte Thema menschlichen Nachdenkens vorgezeichnet hat.

Aristoteles war der erste, der die verschiedenen Formen des menschlichen Tuns in eine Rangordnung gebracht hat. Er unterschied zwischen dem praktischen Leben, in der lateinischen Übersetzung *vita activa* genannt, und dem theoretischen Leben, der *vita contemplativa*. Natürlich war das kontemplative Leben für ihn die eigentlich erstrebenswerte Form der menschlichen Existenz, das Leben der Muße, eben des Philosophierens, der künstlerischen, überhaupt der schöpferischen, der repräsentativen Tätigkeit. Mit dem aktiven Leben tat er sich schwerer; denn er sah wohl den Unterschied zum Beispiel zwischen dem Handwerker und dem Politiker.

Hannah Arendt hat diese Schwierigkeit in unserem Jahrhundert zu lösen versucht, indem sie (in ihrem Buch »Vita Activa«) drei Formen des Tuns unterscheidet: »die Arbeit«, »das Herstellen« und »das Handeln«. Doch sind diese Nuancen weniger wichtig als die Tatsache, daß für Aristoteles die Rangordnung menschlichen Tuns auch eine soziale Klassenordnung war: Die Vielen sind der Natur nach zum praktischen Leben gezwungen, damit die Wenigen das theoretische Leben führen können.

Die Unterscheidung hat die Jahrhunderte begleitet. Keine Trennung hat soziale Klassenbildung stärker bestimmt als die zwischen »denen, die arbeiten müssen« und »denen, die nicht arbeiten müssen«. Das galt in der Antike ebenso wie in den dunklen Jahrhunderten, dem Mittelalter und der Neuzeit. Dabei bestand nie ein Zweifel daran, wer oben und wer unten stand. Als der amerikanische Nationalökonom und Soziologe Thorstein Veblen um die Jahrhundertwende seine »Theorie der Mußeklasse« schrieb, wäre niemand auf den Gedanken gekommen, daß er von den zur Muße Verdammten, den Arbeitslosen spräche. Die Mußeklasse, das waren die Privilegierten, »die da oben«.

Allerdings hatte ein halbes Jahrhundert früher Karl Marx den aristotelischen Gedanken nicht nur in die Sprache der modernen Ökonomie übersetzt, sondern auch um eine entscheidende Nuance verändert. Im »Kapital«, an einer jener Stellen, an denen der harte Kapitalismuskritiker auf einmal zu philosophieren beginnt, nimmt Marx eigene Jugendgedanken auf und unterscheidet zwischen dem »Reich der

Freiheit« und dem »Reich der Notwendigkeit«. Das Reich der Notwendigkeit ist bestimmt durch das, was wir tun müssen, um zu überleben. Es ist sozusagen hoffnungslos; wir können es allenfalls rationell regeln: »Jenseits desselben beginnt die menschliche Kraftentwicklung, die sich als Selbstzweck gilt, das wahre Reich der Freiheit, das aber nur auf jenem Reich der Notwendigkeit als seiner Basis aufblühen kann.« Dann fängt sich Marx und kehrt zurück zu dem härteren Stil des Buches: »Die Verkürzung des Arbeitstages ist die Grundbedingung.«

Die Unterscheidung, die Karl Marx hier trifft, enthält nicht nur aristotelische Elemente, sondern auch solche von Immanuel Kant. Es gibt zwei Arten menschlichen Tuns. Es gibt einmal heteronomes Tun, das also nicht selbstgewählten Zwecken unterliegt. Das können natürliche Zwänge sein wie der des Überlebens; es können auch menschliche Zwänge sein, Zwangslager, Zwangsarbeit. Heteronomes Tun in diesem Sinne soll Arbeit genannt werden. Andererseits gibt es autonomes Tun, bei dem Zweck und Methode vom Einzelnen selber gewählt werden. Gewiß bleiben auch solche Wahlentscheidungen nicht ohne Elemente der sozialen Regelung; aber sie sind nicht in demselben Sinne Zwänge wie die Notwendigkeiten des Überlebens oder die Knute der Kapos. Autonomes Tun werden wir Tätigkeit nennen.

Die Argumentation von Marx läuft nun darauf hinaus zu sagen, daß zwar Tätigkeit erstrebenswert sei, daß aber Arbeit bis zu einem gewissen Grade unvermeidlich bleibe. Das klingt plausibel. Es steckt als Grundannahme hinter allen modernen Gesellschaften. Noch das Wort »Freizeit« verrät eben diese Haltung. Die These ist dennoch nicht minder verdächtig als die aristotelische Klassentrennung von Arbeit und Tätigkeit: Wer irgendeinem Lebensbereich die Unfreiheit als unvermeidlich zugesteht, kann sich, ja wird sich alsbald in einer Welt finden, in der diese Unfreiheit alles beherrscht. Die Forderung der Freiheit ist immer absolut. Einschränkungen der Freiheit finden statt, aber das macht sie nicht erträglich. Zu rechtfertigen sind sie jedenfalls nicht. Das heißt, daß die Forderung die sein muß, alle Arbeit in Tätigkeit, alles heteronome Tun von Menschen in autonomes Tun zu verwandeln. Noch der letzte Rest von Arbeit steht unter dem Anspruch der Verwandlung in Tätigkeit.

Die Verkürzung des Arbeitstages ist die Grundbedingung. Manche haben es heute vergessen, aber es ist doch wahr: der Klassenkampf der Arbeitsgesellschaft ging immer um die Verringerung der Arbeit. Vom Verbot der Kinderarbeit über den Achtstundentag bis zum Urlaubsgeld für zwanzig und mehr Tage ging es immer darum, Arbeit zurückzudrängen. Die inneren Auseinandersetzungen der Arbeitsgesellschaft waren Konflikte um die Aufhebung der Arbeitsgesellschaft. Nun, da diese einst verwegen anmutende Forderung verwirklicht scheint, hebt das große Jammern an. Auf einmal weiß niemand, was an die Stelle der verhaßten Arbeitsgesellschaft treten soll.

Aber es ist an der Zeit, auch hier vom Piedestal der Philosophie in die Niederungen der Politik hinabzusteigen. Unzweifelhaft ist der Verfall der Arbeit in den OECD-Ländern zu einem sozialen und politischen Problem erster Ordnung geworden. Für viele ist es weit wichtiger als die Inflation, zumal die umgekehrte Abhängigkeit von Inflation und Arbeitslosigkeit nicht mehr ganz so eindeutig scheint wie noch in den sechziger und siebziger Jahren. Dabei heißt Verfall der Arbeit auch, indes keineswegs nur statistisch registrierte Arbeitslosigkeit. Diese ist hoch. Nur wenige OECD-Länder halten sich noch unterhalb der Zehn-Prozent-Grenze; das heißt, jeder zehnte Arbeitswillige und Arbeitsfähige hat keine Anstellung. Die statistisch gemessene Arbeitslosigkeit verdeckt indes andere Phänomene. Mancher, der in vergangenen Zeiten Arbeit gesucht hätte, diese vielleicht auch heute vorziehen würde, ist sozusagen »freiwillig« arbeitslos. Hausfrauen, aber auch Studenten gehören in diese Kategorie. Wenn sie alle auf den Arbeitsmarkt drängten, lägen die Arbeitslosenraten eher bei zwanzig Prozent.

Sodann breitet sich das entwürdigende, erniedrigende Phänomen der Unterbeschäftigung aus. In allen OECD-Ländern gibt es eine wahrscheinlich zunehmende Zahl von Menschen, die zwar Berufsbezeichnungen und auch Anstellungen haben, die aber nichts Sinnvolles an ihrem Arbeitsplatz tun. Der öffentliche Dienst einschließlich staatlicher Unternehmungen ist zum Inbegriff solcher Unterbeschäftigung geworden. Und das alles ist vor dem Hintergrund einer massiven Verkürzung der Lebensarbeitszeit in den Jahrzehnten seit dem Ende des Ersten Weltkrieges zu sehen. Zahlen divergieren; aber man wird mit Sicherheit sagen können, daß die Lebensarbeitszeit halbiert worden ist; manche vermuten noch dramatischere Entwicklungen. Wenn die Verkürzung des Arbeitstages die Grundbedingung für das Reich der Freiheit ist, dann kann dieses Reich also nicht mehr sehr weit sein.

Dennoch ist die erste Folge der geschilderten Entwicklungen individuelles und gesellschaftliches Leiden. Denn wir leben nach wie vor in einer Arbeitsgesellschaft. Das heißt für den Einzelnen, daß sowohl sein Einkommen als auch seine gesellschaftliche Identität durch Berufsarbeit bestimmt werden. Dabei gehört zum Einkommen auch der Anspruch auf jene Vergünstigungen und Leistungen, die der Sozialstaat bietet; die Bürgerrechte selbst sind eine Funktion der Arbeit. Zur Identität gehört nicht nur das auf Berufe bezogene Sozialprestige, sondern auch das Selbstwertgefühl von Menschen. Was man kann, bewährt sich im Beruf, in der Karriere, in der Welt der Arbeit.

Das gesellschaftliche Leiden hat andere Formen. Für die Arbeitsgesellschaft ist die Berufswelt der ausstrahlende Kern. Alle anderen Lebensbereiche werden durch Arbeit geprägt. Das gilt insbesondere für drei große Bereiche: Erziehung und Ausbildung sind in der Arbeitsgesellschaft berufsbezogen; sie sind Vorbereitung für die Anforderungen der Arbeit. Die Freizeit ist, wie schon der Name sagt, von Arbeit freie Zeit, damit Zeit der Erholung für neue Arbeit. Der Ruhestand schließlich ist der wohlverdiente Lohn für ein Leben der Arbeit. Aber mit dem Verfall der Arbeit, dem Erlöschen ihrer ausstrahlenden Wirkung, dem Schrumpfen ihrer gesellschaftlichen Bedeutung haben die anderen Bereiche sich nicht nur erweitert, sondern sie schweben gleichsam in der Luft. Mehr als zehn Prozent der erwachsenen Bevölkerung der OECD-Länder sind ganztätig in Bildungseinrichtungen; aber der Bezug ihres Tuns ist unklar. Selbst Beschäftigte bringen heute mehr Zeit jenseits des Arbeitsplatzes als am Arbeitsplatz zu. Die Freizeit hat nicht nur eigene Industrien geschaffen, sondern ist zu einer eigenen Lebenswelt geworden. Für manche bestimmt sie den Selbstwert, die Identität; aber bislang ist das weder allgemein noch klar. Auch dieser Bereich schwebt in der Luft. Mit früherer Pen-

sionierung und längerer Lebenserwartung schließlich ist die
Betriebsfeier für Pensionäre zu einer traurigen Angelegen-
heit geworden. Erst allmählich finden Menschen im sogenannten Ruhestand zu produktiver Unruhe. Auch diese
Lebenszeit schwebt in der Luft, ist unklar definiert.

Es ist angesichts solcher Erfahrungen nicht überraschend,
daß die politischen Parteien es mit der Angst zu tun kriegen.
So hatten sie sich den Erfolg der Abschaffung der Arbeitsgesellschaft nicht gedacht. Die Blauen sorgen sich vor allem
um die fehlende Disziplinierung in einer Welt ohne Arbeit.
Sie verfallen daher auf die Doppelgleichung »angebotsorientierte Wirtschaftspolitik = Wachstum« und »Wachstum =
Beschäftigung«. Aber sie irren. Ist es schon fraglich, ob
blaue Politik nennenswertes Wachstum hervorbringt, so ist
vollends unwahrscheinlich, daß mäßiges Wachstum eine
beträchtliche Wirkung auf die Arbeitslosigkeit haben
würde. Zu viele könnten ihre Produktion mühelos vergrö-
ßern, ohne neue Arbeitskräfte einzustellen.

Die Roten gehen einen anderen Weg, auch aus anderen
Gründen, aber sie laufen in ähnliche Schwierigkeiten. Sie
wollen Nachfrage stimulieren, vor allem aber eine vom
öffentlichen Sektor angeführte Beschäftigungspolitik betreiben. Das ist teuer. Es verhilft auch im günstigsten Fall kaum
mehr als jedem zehnten Arbeitslosen zu einer unsicheren
Stellung. Und es hat gesamtwirtschaftliche Folgen, die alsbald zu jener Umkehr zwingen, zu der sich Präsident Mitter-
rand schon wenige Monate nach Amtsübernahme gezwungen sah. Es ist übrigens bemerkenswert, daß viele Grüne in
ihrer Konzeption den Roten durchaus nahe sind.

In Wahrheit gibt es keine Antwort auf den Verfall der
Arbeitsgesellschaft. Vielmehr gibt es keine Antwort, die uns

zur schlechten alten Zeit zurückführt. Auch hier ist ein Themenwechsel nötig, eben jener Themenwechsel, von dem so viele so lange geträumt haben. Wir müssen bewußt und ohne Angst den Weg zur Tätigkeitsgesellschaft gehen. Was heißt das?

Es heißt zunächst und vor allem, daß ein Leben autonomer Tätigkeit als Modell gilt, als Hoffnung für viele, Chance für manche, Realität schon heute für nicht ganz wenige. Bildung sollte nicht in erster Linie berufsbezogen, sondern talentbezogen sein. Sie dient nicht nur der Ausbildung von Maschinenschlossern, Computertechnikern und Rechtsanwälten, sondern immer auch der von Menschen, die wissen, was sie mit ihrer freien Zeit anfangen können, die also morgens fischen, nachmittags jagen, abends Viehzucht treiben und nach dem Essen kritisieren wollen. Bildung ist daher der Natur der Sache nach lebenslang. Auch enthält sie immer einen Überschuß über das von der Berufswelt Verlangte; sie sollte es tun.

Tätigkeitsgesellschaft heißt sodann, daß der Versuch vieler Menschen, ihr eigenes Leben nach ihren eigenen Vorstellungen zu gestalten, Unterstützung verdient. Noch ist die Alternativökonomie klein. Aber als neue Form der Selbständigkeit ist sie ebenso wünschenswert wie ältere Formen der Kleinbetriebe und Familienunternehmen. Übrigens gilt hier vor allem, daß die moderne Technologie hilft. Mikrocomputer erlauben dezentrale Verwendung; sie ermöglichen geradezu eine neue Form der Heimarbeit. Daß auch in diesem Zusammenhang wieder die Schwarzarbeit ihren Platz hat, versteht sich fast von selbst.

Vor allem aber ist eines nötig, das ist das Hineintreiben der Tätigkeit in die Welt der Arbeit. Arbeit kann mindestens

zu Arbeitstätigkeit werden, das heißt sie kann Elemente der
Autonomie enthalten. Das gilt für die Gruppenarbeit bei
Volvo. Das gilt für die Abschaffung von Stechuhren. Das gilt
für größere Flexibilität der Arbeitszeit, zum Beispiel für die
Selbstbestimmung der Jahresarbeitszeit. Das gilt für die Mitbestimmung. Die Liste von Maßnahmen, die zu einer stärkeren Humanisierung der Arbeit führen können, ist lang. Sie
enthält lauter Entwicklungen, die die Tätigkeitsgesellschaft
fördern.

Dann ist nicht zu übersehen, daß es viele Menschen gibt,
deren Leben schon heute Tätigkeit ist. Das müssen nicht
Philosophie-Professoren sein. In nahezu jedem Lebensbereich gibt es Menschen, für die es keine Phrase ist zu sagen,
daß sie autonom tätig sind. Die Tätigkeitsgesellschaft ist
schon unter uns. Sie ist die bewegende Kraft der Zukunft.
Sie voranzutreiben ist eine liberale Forderung.

Nun bleiben da gewiß eine Reihe von handfesten Fragen,
mit denen die Interessenten an der Arbeitsgesellschaft derlei
Erwägungen gerne ins Reich der Utopie verweisen. Um nur
drei davon aufzunehmen:
— Wird die Tätigkeitsgesellschaft nicht tatsächlich zu einer
Untätigkeitsgesellschaft des disziplinlosen Herumgam-
melns?
— Wer tut die Dinge, die getan werden müssen, die sich aber
schlechterdings nicht in Tätigkeit verwandeln lassen?
— Und wer bezahlt das Ganze?

Es wäre abwegig zu leugnen, daß der Gewinn der Kontrolle über die Zeit, der ein Aspekt der Tätigkeitsgesellschaft
ist, nur dann Sinn hat, wenn er mit Selbstdisziplin und entwickelten Fertigkeiten gekoppelt wird. Es wäre ebenso
abwegig zu leugnen, daß nur die Entwicklung der Fertigkei-

ten machbar ist. Hier ist der Ort einer Bildung, die auf die Talente des Einzelnen bezogen ist und die nicht mit dem 17. oder selbst dem 20. Lebensjahr aufhört. Damit wird nicht einer noch längeren Grundbildung das Wort geredet; ohnehin bringen in Deutschland zu viele junge Menschen die besten Jahre ihres Lebens in Schulen und Hochschulen zu. Wohl aber ist es nötig, denen, die wissen, was ihre Talente sind und was sie mit diesen anfangen wollen, zeit ihres Lebens Bildungsmöglichkeiten offenzuhalten. Die Thematik von Bildungsurlaub und lebenslanger Bildung ist nachgerade zu Tode diskutiert worden, ohne daß viel geschehen wäre. Man kann sie dennoch nicht oft genug unterstreichen.

Sehr viel schwieriger verhält es sich mit der Selbstdisziplin. Nur dies läßt sich mit einiger Gewißheit sagen, daß sie sich nicht durch äußere, aufgezwungene Disziplin ersetzen läßt. Die Bundeswehr ist schön und gut; aber in einer Gesellschaft ohne Selbstdisziplin wird sie nur zum Spiegelbild der allgemeinen Werte. In einer Gammelgesellschaft gammeln eben auch Soldaten. Der Wandel der Werte und Haltungen, der hier nötig ist, kann nur aus dem Ekel über die Langeweile der dreißig Kabelfernsehkanäle und des Biertrinkens hervorgehen. Vielleicht kann er angeregt werden durch Modelle, durch Vorbilder. Er ist indes eines der ungelösten Probleme dieser Zeit.

Wer tut das, was niemand tun will? Wer also tut die Dreckarbeit? Die Frage geht an den Kern der entschwindenden Arbeitsgesellschaft. Denn wenn auch einer der Gründe für den Prozeß, von dem wir hier ausgegangen sind, in hohen Reallöhnen liegt, gibt es doch Dinge, die selbst bei respektabler Bezahlung ungetan bleiben. Die Qualität des Lebens in der Wohlstandsgesellschaft hat sich auch darum verschlechtert, weil keiner mehr Straßen reinigen will, keiner zu »unsozialen Zeiten« arbeiten will, keiner in Krankenhäusern die lästigen Arbeiten übernehmen will, keiner alten Leuten, die sich nicht mehr selber helfen können, Essen kochen will. Die Liste ist lang. Auch stimmt es nicht ganz, daß »keiner« diese Dinge tun will. Es sind aber viel zu wenige.

Hier ist der Punkt, an dem es mir nötig scheint, die Frage eines allgemeinen Sozialdienstes zu erwägen. Wenn wir uns bestimmte Dinge nicht mehr leisten können, ist zu prüfen, ob nicht jeder Bürger und jede Bürgerin ein Stück seines oder ihres Lebens der Gesellschaft geben sollte. Das ist ein Vorschlag mit Haken und Ösen, vor allem in einem Land mit allgemeiner Wehrpflicht. Er sollte aber nicht mit dem Hinweis auf unselige Erfahrungen mit dem paramilitärischen Reichsarbeitsdienst einfach zu den Akten gelegt werden. Ein allgemeiner Sozialdienst wäre unter allen denkbaren Gesichtspunkten besser, als Dinge ungetan zu lassen oder aber Gastarbeiter als geliehenes Proletariat ins Land zu holen.

Bleibt die Frage: Wer soll das bezahlen? Der Weg von der Arbeitsgesellschaft zur Tätigkeitsgesellschaft wird noch lang sein. Er wird übrigens nicht zur Abschaffung von Berufen führen. Insbesondere führt er so nicht zu einer Senkung des Bruttosozialprodukts. Das bedeutet, daß zwei Entkoppelungsmanöver möglich und für den, der das Reich der Freiheit will, nötig sind. Das eine betrifft Produktivitätssteigerungen und Realeinkommen. Wir werden die Tätigkeitsgesellschaft nicht erreichen, wenn wir dabei bleiben, alle Produktivitätssteigerungen in höhere Realeinkommen zu überführen. Statt dessen wird es nötig sein, Produktivitätssteigerungen in Zeit umzuwandeln. Berufstätige werden nicht viel mehr verdienen, wohl aber mehr »freie« Zeit bekommen. Wenn schon eine Verkürzung der Arbeitszeit ohne Lohnausgleich schwierig ist (obwohl selbst in dieser Hinsicht viele Möglichkeiten noch nicht ausgeschöpft sind, zu denen insbesondere die Frühpensionierung gehört), dann sollte zumindest die Lohnstabilisierung bei allmählicher Verkürzung der Arbeitszeit versucht werden.

Der andere Entkoppelungsprozeß ist eher noch schwieriger. Er betrifft die Staatseinnahmen und die Leistungen an den Einzelnen. In der Tätigkeitsgesellschaft hat es wenig Sinn, die Staatseinnahmen weitgehend vom Arbeitseinkommen abhängig zu machen. Noch weniger Sinn aber hat es, das Einkommen des Einzelnen, einschließlich der Sozialleistungen, von Berufsarbeit abhängig zu machen. Da sträuben sich vielen die Haare: Soll es noch mehr Menschen geben, die von der Arbeit anderer leben? Aber die Alternative ist kaum weniger erfreulich. Sie führt zur Zweiklassengesellschaft, in der immer weniger Arbeitende immer mehr zahlen, damit immer mehr Nichtarbeitende versorgt werden können. Auf der Einnahmeseite liegen die Möglichkeiten des Wandels auf der Hand. Sie bestehen aus einer Kombination von indirekten und produktionsbezogenen Steuern. Die Organisation der Verteilungsseite liegt indes sehr viel weniger auf der Hand. Fast unausweichlich führt jede Überlegung zu dem Gedanken eines Minimaleinkommens, das auf die eine oder andere Weise garantiert sein muß. Aber auch hier sei kein Zweifel gelassen: Wir haben an entscheidenden Punkten eher das Problem definiert als Lösungen angeboten. Nur die Richtung ist klar; der Begriff der Tätigkeitsgesellschaft gibt ihr einen Namen.

Und noch etwas ist deutlich geworden: der Weg zu den Träumen von Aristoteles und Marx, von Kant und Hannah Arendt wird nicht automatisch beschritten. Es kann auch ganz anders kommen. Sogar eine massive Senkung der Reallöhne und ein Neubeginn bei 1948 ist keineswegs undenkbar; mancher mag sich diesen Rückweg geradezu wünschen. Ebenso ist ein osteuropäischer Weg denkbar, mit Zwangsarbeit und allem, was sonst dazugehört. Hier geht es um die Zukunft der Freiheit, und auch hier, in der Welt der Arbeit, ist dies eine Aufgabe, die nur dann gelöst wird, wenn wir den Sinn für die nötige Richtung mit dem Willen verbinden, diese nicht zu verlassen, also das Ziel nie aus dem Auge zu verlieren.

Die Staatsbürgergesellschaft

*Der Sozialstaat ist an seine
Grenzen gestoßen.*

Nimmt man die beiden bisher entwickelten Thesen zusammen, so liegt eine Schlußfolgerung auf der Hand: Wenn Wirtschaftswachstum wirklich auf längere Sicht schwierig sein sollte und wenn der Arbeitsgesellschaft tatsächlich die Arbeit ausgehen sollte, dann entstehen für die öffentlichen Haushalte Probleme einer ganz neuen, fast nicht mehr zu bewältigenden Größenordnung. Das braucht man übrigens nicht zu deduzieren; das läßt sich ohne Mühe in allen OECD-Ländern beobachten. Der Staat kann es sich nicht mehr leisten, die von ihm übernommenen Aufgaben zu finanzieren. Zur gleichen Zeit versiegen seine Einnahmen und erhöhen sich die Kosten der Staatsaufgaben. Die Verschuldung des Staates kann bestimmte Grenzen schon darum nicht überschreiten, weil die internationale Kreditwürdigkeit eine unentbehrliche Grundlage der inneren Stabilität ist. Also muß etwas geschehen. Aber was?

Auf der Seite der Staatseinnahmen sind die Grenzen äußerst eng gezogen. Gewiß lassen sich Steuern erhöhen; aber auch wenn man nicht an die von dem amerikanischen Ökonomen Laffer zuerst auf eine Serviette gezeichnete Kurve glaubt, nach der es einen angebbaren Punkt gibt, von dem an Steuererhöhungen tatsächlich zu einer Senkung der

Steuereinnahmen führen, zeigt doch das schwedische Beispiel, wo die Grenzen des Versuches liegen, die Kuh zu melken. Wer heute einer massiven Erhöhung der öffentlichen Ausgaben und einem durch solche Erhöhungen angetriebenen Wachstum das Wort redet, hat die Situation in den OECD-Ländern nicht verstanden. Durch höhere Staatseinnahmen lassen sich allenfalls sehr vorübergehend unmittelbare Wunden mit einem Heftpflaster verkleben. Auf mittlere Sicht ist dieser Weg versperrt.

Es geht daher um die Staatsausgaben – genauer gesagt: um die Verringerung der Staatsausgaben. Der Verteilungskampf von morgen ist ein Kampf um die relativen Einbußen bestimmter Gruppen, nicht mehr einer um deren relativen Gewinn. Wir sind in eine Zeit der Negativsummenspiele eingetreten, in der es nur noch darum geht, wer etwas weniger von dem verliert, was durch staatliche Instrumente verteilt wird.

Dabei stehen alle Staatsausgaben in Frage, auch investive Ausgaben, auch der öffentliche Dienst samt seinen Privilegien, auch die Verteidigungsausgaben. Von den letzteren vor allem wird noch zu reden sein. Insbesondere aber berührt jeder Versuch, die Staatsausgaben einem veränderten sozialökonomischen Klima anzupassen, unweigerlich die Sozialausgaben, die heute ein Drittel der öffentlichen Haushalte ausmachen, und mit den Sozialausgaben eine der Grundlagen der modernen, zivilisierten Staatsbürgergesellschaft.

Das finanzielle Problem des Sozialstaates ist leicht beschrieben. Es liegt nicht nur auf der Einnahmeseite, also in der Tatsache, daß bei schrumpfenden Einnahmen des Staates und der übrigen Träger der Sozialleistungen schon die gegenwärtigen Verpflichtungen nicht mehr erfüllt werden können. Es liegt ebensosehr auf der Ausgabenseite. Der damalige britische Gesundheitsminister Aneurin Bevan sprach bei der Einführung des Nationalen Gesundheitsdienstes im Jahre 1948 im Parlament allen Ernstes die Vermutung aus, nach einigen Jahrzehnten dieses Dienstes würden die Briten im großen und ganzen gesund sein. Auch andere sind davon ausgegangen, daß soziale Leistungen eine Art Wiedergutmachungsfunktion haben, die sich eines Tages erübrigen würde.

Tatsächlich ist – aus den verschiedensten Gründen – das genaue Gegenteil eingetreten. Die wachsende Arbeitslosigkeit hat ein Stück des Sozialstaates aktiviert, von dem viele gehofft hatten, daß es für immer latent bleiben würde. Demographische Entwicklungen führen dazu, daß immer weniger Berufstätige das Geld für immer mehr Renten verdienen müssen. Im medizinischen Bereich kommt etwas anderes hinzu. Moderne Methoden der Medizin – und der berechtigte Wunsch nach Ausweitung der präventiven Medizin – haben die Gesundheitsfürsorge immer teurer gemacht. Es ist kein Ende dieser Verteuerung abzusehen. Mit anderen Worten: der Sozialstaat erweist sich mehr und mehr als ein Faß ohne Boden.

Zu diesen dicken Fragezeichen kommt ein weiteres, in dem schon die ersten Anzeichen einer liberalen Lösung stekken. Sozialpolitik ist zumindest der Absicht nach Umverteilung im Interesse der Staatsbürgerrechte aller. Daß dabei Absurditäten passieren, daß zum Beispiel mancher fast soviel zurückbekommt wie er einbezahlt, mit dem Reibungsverlust der Finanzierung von Beamtengehältern natürlich, ist keineswegs ein Zufall. Denn der Prozeß der Umverteilung – wie er in Deutschland seit Bismarck, in den meisten ande-

ren OECD-Ländern viel später konzipiert worden ist –
mußte zwangsläufig zur Schaffung gigantischer Umvertei-
lungsapparate, also Bürokratien, führen. Das aber ist nicht
nur teuer, sondern auch den Problemen nur halb angemessen. Die Probleme, die durch Sozialpolitik gelöst werden
sollen, sind der Natur der Sache nach individuell; bürokratische Lösungen sind der Natur der Sache nach generell. Sie
verfehlen oft gerade jene individuelle Not, auf die sie zielen.
Es bleibt ein ungelöster Widerspruch zwischen Ursache und
Wirkung, zwischen dem, was zu tun ist, und dem, was getan
wird.

Aber das ist ein Vorgriff. Zunächst muß festgehalten werden, daß schon aus finanziellen Gründen Eingriffe in das
System des Sozialstaates unausweichlich sind. Sie stellen
zugleich ernste Eingriffe in die Grundannahmen, ja in den
Grundbestand freier Gesellschaften dar. Schon darum sind
die beiden vorherrschenden Methoden unvertretbar: die
Rasenmähermethode, mit der alle Haushaltsansätze um den
gleichen Prozentsatz gekürzt werden, und die Brutalme-
thode, mit der unpopuläre Haushaltsansätze etwa in der
Bildungs- oder der Entwicklungspolitik radikal gekürzt werden. Denn daran soll kein Zweifel bestehen: wer am Sozialstaat rüttelt, der rüttelt auch am liberalen Konzept einer
modernen Gesellschaft. Staatsbürgerrechte sind eben mehr
als formale Rechte, mehr als die Gleichheit vor dem Gesetz
und das gleiche Wahlrecht. Zu erfüllten Staatsbürgerrechten
gehören soziale Rechte, wie das Recht auf Schutz vor unverschuldeter Not oder das auf angemessene Altersversorgung
oder das auf Bildung. Das, was heute nötig ist, verlangt
daher eine schmerzliche Überprüfung der modernen Staatsbürgergesellschaft.

Diese Überprüfung kann gewiß mit offenkundigen Maßnahmen beginnen. Das Wort Rationalisierung steht im liberalen Wortschatz nicht gerade ganz oben; in seinem Namen ist viel inhumaner Unsinn getrieben worden. Aber eine bessere Kostenkontrolle der Sozialleistungen ist durchaus am Platze. Sie kann zu beträchtlichen Einsparungen führen. Übrigens ist auch aus der Tatsache, daß manche Ansprüche nur von wenigen tatsächlich erhoben werden, nicht etwa zu schließen, daß sie allen bekanntgemacht werden müssen. Vielmehr sind hier Abstriche ohne große Schmerzen möglich.

Früher oder später aber stellen sich ernstere Fragen. Früher oder später müssen die Voraussetzungen der Staatsbürgerrechte selbst unter veränderten sozialen und ökonomischen Bedingungen überprüft werden. Drei Fragen vor allem sind da zu stellen:

— Gibt es Rechte, die heute weitgehend als gegeben angesehen werden können, deren Realisierung also nicht mehr eine kollektive Anstrengung und finanzielle Garantien verlangt?

— Bedeuten Rechte, daß alles, was zu ihrer Befriedigung getan werden kann, auch von der Gemeinschaft getan werden muß, oder kann unter bestimmten Umständen die begrenzte Befriedigung von Rechten angemessen sein?

— Gibt es schließlich so etwas wie eine Hierarchie der Rechte, also Dinge, die unter allen Umständen bewahrt werden müssen, und andere, bei denen Abstriche zu verantworten sind?

Das sind schwierige Fragen. Wenn sie sich einigermaßen befriedigend beantworten lassen, dann ist schon der halbe Weg zu einem verantwortlichen, aber auch finanzierbaren Sozialstaat zurückgelegt.

Das allgemeine, gleiche und geheime Wahlrecht war

zunächst ein Stück Papier. Nicht nur dauerte es lange, bis es wirklich allgemein wurde – die Geschichte der Frauenrechtsbewegung zeigt dies deutlich –, sondern es gab auch Zeiten, in denen viele von dem verbrieften Recht nicht Gebrauch machen konnten. Der Gutsherr, der seine Landarbeiter am Wählen hinderte; die Alten, die nicht zum Wahllokal gehen konnten; die Abhängigen, die aus Angst, die Geheimhaltung könne doch durchbrochen werden, so wählten, wie ihre Herrschaften das wollten – dies sind nur einige, eher harmlose Beispiele. Es waren also soziale Veränderungen nötig, bevor das Wahlrecht wirklich allgemein, gleich und geheim war. Aber heute wird man im großen und ganzen sagen können, daß diese Veränderungen komplett sind. Das Wahlrecht ist garantiert. Es bedarf keiner Sozialpolitik, um seine Realität zu sichern.

Wie steht es unter diesem Aspekt mit dem Bürgerrecht auf Bildung? Ich habe nichts zurückzunehmen von dem, was ich 1965 in meiner Schrift »Bildung ist Bürgerrecht« gesagt habe, auch nichts von dem, was zuerst in Baden-Württemberg, später dann im ganzen Bundesgebiet zur sozialen Untermauerung dieses Bürgerrechts getan worden ist. Es ging ja nicht darum, durch Expansion der weiterführenden Bildung das Wirtschaftswachstum in der Bundesrepublik zu fördern. Von einem bestimmten Bildungsstand der Bevölkerung an ist der Zusammenhang zwischen Wirtschaftswachstum und Bildung lose, wenn nicht vollends abwesend. Es ging vielmehr darum, daß eine entwickelte, zivilisierte Gesellschaft jedem eine seinen Fähigkeiten entsprechende Bildung eröffnen muß und daß dazu aktives Handeln erforderlich war.

Arbeiterkinder, Kinder in ländlichen Gebieten, Kinder aus anderen benachteiligten Familien waren noch vor zwanzig

Jahren offenbar von den Chancen ausgeschlossen, die anderen offenstanden. Darum Bildungswerbung, darum auch finanzielle Förderung, darum neue Schul- und Hochschulformen! Aber ist das, was vor zwanzig Jahren dringend nötig war, heute noch in derselben Weise erforderlich? Oder ist vielleicht das Recht auf Bildung in derselben Weise verwirklicht, wie es das Wahlrecht schon seit einiger Zeit ist?

Es ist sicher nicht in derselben Weise, geschweige denn in demselben Maße verwirklicht. Noch immer gibt es benachteiligte Gruppen; noch immer ist das Bürgerrecht auf Bildung unvollständig. Aber große Schritte vorwärts sind getan worden, so große Schritte, daß es nicht mehr unvereinbar ist mit einer liberalen Staatsbürgergesellschaft, das System des Bundesausbildungsförderungsgesetzes (Bafög) neu zu durchdenken. Hier sind sowohl Kürzungen als auch insbesondere die Einführung eines Darlehenssystems zu rechtfertigen. Dabei ist in Rechnung zu stellen, daß die Absolventen von Hochschulen nach wie vor ein höheres Lebenseinkommen erwarten können als die meisten derjenigen, deren Steuern die Stipendien für Studenten finanzieren. Übrigens sind auch Studiengebühren in begrenztem Umfang durchaus vertretbar, vor allem dann, wenn es angemessene Ausnahmeregelungen gibt. Ohne derlei Details weiter zu verfolgen, ist der Schluß erlaubt, daß der Bildungsbereich zu den Teilen des Sozialstaates gehört, bei denen gezielte und überlegte Kürzungen heute zu verantworten sind.

Die kürzbaren Bildungsausgaben sind freilich nur ein Bruchteil der Sozialausgaben. Damit stellt sich die zweite Frage, ob es nicht Grenzen der kollektiven Verpflichtung zur Sicherung von Bürgerrechten gibt. Das betrifft besonders die Ausgaben im Gesundheitswesen. Natürlich ist es wünschenswert, daß jeder Bürger in den Genuß der modernsten Entwicklungen der Medizin, einschließlich der Vorsorgemedizin, kommt. Dennoch gibt es eine Grenze zwischen dem Notwendigen und dem Angenehmen, ganz zu schweigen vom Luxus. Kuren in Abano Terme werden mittlerweile nicht mehr öffentlich finanziert; aber die Frage, ob nicht etwas zuviel des Kurens nach wie vor öffentliche Kassen belastet, muß doch gestellt werden. In der Zahnmedizin gibt es eine Grenze zwischen Gesundheit und Schönheit, also zwischen Erforderlichem und Erfreulichem, die in den fetten Jahren auch eher großzügig gezogen wurde.

Die Frage ist nicht, ob der Einzelne in den Genuß von Annehmlichkeiten kommen soll. Es geht darum, wer sie bezahlt. Wenn öffentliche Ausgaben drastisch zu reduzieren sind, dann muß auch geprüft werden, wo das Recht des Einzelnen aufhört und seine privaten, verständlichen, aber eben auch von ihm zu verantwortenden Wünsche beginnen. Da ist dann weniger der Beitrag zum Krankenhausaufenthalt richtig, der vielmehr eher zu den Symptomen der Rasenmähermethode gehört, als eine Grenzziehung in den öffentlich finanzierten Leistungen.

Bleibt die dritte Frage einer möglichen Hierarchie der Rechte. Sie führt rasch zu dem Recht auf Altersversorgung, das unzweifelhaft auch in Zukunft zu den Schlüsselansprüchen der Bürger zählen wird. Zugleich stellt es uns vor schwierige Probleme, insbesondere wenn es richtig ist, daß die Arbeitsgesellschaft hinter uns liegt, wenn also der Generationenvertrag nicht mehr in der Weise funktioniert, in der er einmal konzipiert war. Dennoch dürfen auch radikale Änderungsvorschläge nicht von vornherein abgewiesen werden. Mit wachsendem Wohlstand wird der Gedanke einer neuen Verbindung von Gemeinschaftsleistung und Eigenleistung zunehmend plausibel.

Gewiß sollte denen, die bereits Empfänger von Renten sind oder dies in den nächsten Jahren werden, ihr Anrecht nicht beschnitten werden; ohnehin ist ein notwendiges Element aller Eingriffe in den Sozialstaat die Sicherung des Besitzstandes der am unmittelbarsten Betroffenen. Hohe Studiengebühren für bereits Studierende, Kürzungen der Sozialhilfe für Sozialhilfeempfänger und ähnliche Maßnahmen, wie sie in den letzten Jahren in Großbritannien und den Vereinigten Staaten getroffen worden sind, zerstören das Vertrauen in die Staatsbürgergesellschaft. Aber Veränderungen für nachfolgende Gruppen sind vertretbar. Da mag man sich wohl an alte Pläne erinnern, die eine Mindestrente für alle mit Möglichkeiten des Eigenbeitrages verbinden wollten. Von der Stärkung des Versicherungsprinzips ist mit Recht heute viel die Rede. Zweistufige, auch dreistufige Systeme der Altersversorgung müssen neu erörtert werden, wenn man vermeiden will, daß Kürzungen das letzte Wort des gedankenlosen Staates bleiben.

Das Prinzip, das diesen Erwägungen zugrunde liegt, ist wichtig: Staatsausgaben im Sozialbereich lassen sich dort reduzieren, wo entweder Rechte weitgehend realisiert sind oder aber die Verbesserung der wirtschaftlichen Lage der Betroffenen eine neue Verbindung von Gemeinschaftsleistung und Beitrag des Einzelnen erlaubt. In keinem Fall bedeutet das eine Leugnung der Rechte selbst. Der Sozialstaat neuen Stils bleibt ein Grundelement der freien Gesellschaft.

Darum ist es auch falsch, die nötigen Änderungen auf die simple Formel von Staatsleistung gegen Privatisierung zu

bringen. Die Zielvorstellung einer neuen Sozialpolitik, die
den Freiheitsspielraum des Einzelnen so weit wie irgend
möglich hält, ist keineswegs eine Gesellschaft, in der jedes
Risiko privatisiert wird. Gewiß soll niemand Menschen
daran hindern, ihren Anrechten private Vorsorge hinzuzufügen. Auch wird ein stärkerer Eigenbeitrag in vielen Bereichen unvermeidlich sein. Aber mindestens so wichtig ist die
andere Seite der Überprüfung des modernen Sozialstaates:
Inwiefern sind überhaupt der Staat und quasi-staatliche Einrichtungen die richtigen Instrumente, um dort zu helfen und
so zu helfen, wo und wie Hilfe wirklich nötig ist?

Das ist die Frage, die Johano Strasser in seinen »Grenzen
des Sozialstaates« zuerst aufgeworfen und in neuer Weise
beantwortet hat. Seitdem haben viele seine Ideen aufgenommen. Der Kern von Strassers Argumentation ist, daß büro-
kratisierte Sozialpolitik ebenso viele Probleme schafft wie
sie löst. Insbesondere müssen wir uns fragen, »wie unsere
Gesellschaft und das Zusammenleben in ihr neu geordnet
werden« müssen, was vor allem bedeutet, daß »die Produktion wachsenden sozialpolitischen Bedarfs zu stoppen« ist,
indem »die Möglichkeit und Fähigkeit der Bürger zur selbst-
organisierten Problemlösung« gefördert wird. An die Stelle
des Sozialstaates muß weitgehend die Sozialgesellschaft treten, um eine Solidarität zu erreichen, die nicht verordnet
wird und die gerade darum im Einzelfall wirksamer ist als
jede staatliche Regelung.

Das alles ist leichter gesagt als getan. Wie schafft man
»kleine soziale Netze« in einer Gesellschaft, die die sozialen
Netze zerrissen hat, bevor das Netz sozialer Sicherheit zu
reißen begann? Das ist die Frage, die unter dem Stichwort
der Marktgesellschaft gleich noch etwas genauer zu betrach-

ten sein wird. Sicher scheint jedoch, daß mit dem Rückzug des Staates aus der Finanzierung sozialer Bedürfnisse ein Rückzug aus der Verwaltung dieser Bedürfnisse Hand in Hand gehen muß. Familie, Nachbarschaft, Freundeskreis, Gruppen der verschiedensten Art müssen einspringen, wo der Staat nur ganz unvollkommen hat helfen können.

Gewiß bleibt es nötig, Rahmenbedingungen zu setzen. Auch wird hier nicht dem völligen Rückzug des Staates aus der Sozialfürsorge im weitesten Sinne das Wort geredet. Schon gar nicht läßt sich der gänzliche Verzicht auf Sicherung staatsbürgerlicher Rechte durch Umverteilung, also durch eine finanziell umgesetzte Gemeinschaftsverantwortung rechtfertigen. Aber nicht nur die alten Lücken des Sozialstaates, sondern auch die neuen, die in kommenden Jahren unvermeidlich sind, verlangen eine unmittelbarere Solidarität, als sie im Zahlen von Steuern dokumentiert wird. Wir gehen vom Sozialstaat zur sozial bewußten Gesellschaft. Auch sie ist ein Teil einer neuen Freiheit.

Die Marktgesellschaft

Die Zukunft der Freiheit verlangt
die Transformation der Staatsgesellschaft
in die Marktgesellschaft.

Noch immer ist »Marktwirtschaft« eine fast unantastbare Vokabel in der politischen Umgangssprache der Bundesrepublik. Das ist verständlich, denn unter ihrem Namen konnte das Wirtschaftswunder in nahezu jeden Haushalt des Landes dringen. Für den Liberalen ist es noch aus einem anderen Grunde verständlich. Das Wort »Markt« hat für ihn einen guten Klang. Es erinnert an die Vielfalt autonomer Einheiten, an Dezentralisierung, an Initiative »von unten« und an das Zusammenspiel der Vielen ohne den Eingriff irgendeiner ordnenden Hand »von oben«.

Blickt man auf die deutsche Wirklichkeit, so sind indes zwei Einschränkungen sogleich hinzuzufügen. Einmal ist die vielgepriesene Marktwirtschaft tatsächlich weit entfernt von Adam Smiths Träumen und selbst noch von den Ideen eines Friedrich von Hayek. Das mag nicht so beklagenswert sein, wie Hayek meint. Daß die deutsche Marktwirtschaft von Anfang an auch sozial war, gehörte zu ihren Stärken. Daß im übrigen relevante Märkte längst nicht mehr national sind, ist nicht nur das Werk deutscher Firmen; mit neuen Größenordnungen verändert sich auch weltweit der Sinn von Marktwirtschaft. Heute wäre es sicher genauer, von einer Wirtschaftsordnung zu sprechen, bei der der Staat sich

nach Möglichkeit aller unerbetenen Eingriffe enthält – einer
Ordnung zudem, die Initiative ermutigt, wo und wie immer
das geht.

Die andere Einschränkung ist beunruhigender. Die Bundesrepublik hat zwar manchen Schritt in Richtung auf eine
marktwirtschaftliche Ordnung getan, aber die deutsche
Gesellschaft ist in entscheidenden Stücken eine Staatsgesellschaft geblieben. Was immer man tut, wohin immer man
blickt: Regelungen und Behörden begegnen einem unausweichlich. Der Hase Initiative holt den Igel Staat niemals
ein: Der Staat ist immer schon da. Wenn wir aber die Freiheit in Deutschland nicht nur erhalten, sondern erweitern
wollen, dann muß der nächste Schritt der Gesellschaftspoli-
tik darin liegen, Deutschland in eine Marktgesellschaft zu
verwandeln.

»Weniger Staat!« ist ja fast schon zu einem Mode-Schlag-
wort geworden. Das macht es nicht falsch. Der Staat muß
sich aus dem Leben der Einzelnen, aber auch der Institutionen und Organisationen zurückziehen, wenn wirklich Initiative gefördert werden soll. Nur tut er es nicht. Die meisten,
die von »weniger Staat« reden, meinen damit die Kürzung
der öffentlichen Ausgaben, verbunden mit neuen Auflagen
für die solchermaßen Gekürzten, also mehr Staat. Das ist
nicht überraschend. Wer kann schon von den Mächtigen
erwarten, daß sie freiwillig ihre Macht beschränken?

Als Helmut Schmidt sich hartnäckig weigerte, einer
Kunstpolitik das Wort zu reden, tat er etwas durchaus Ungewöhnliches; sein Nachfolger fühlte sich selbst für den Sinn
des Lebens noch zuständig. Aber daß die Mächtigen Interessen verfolgen, ist, wie gesagt, normal. Beunruhigender ist,
daß die Leute ganz froh darüber sind, wenn die Regierenden

sich um den Sinn des Lebens kümmern. Selbst Künstler haben ja Helmut Schmidt seine Abstinenz in Sachen Kunstpolitik – nicht Kunst! — übelgenommen. Damit die Marktgesellschaft entsteht, müssen Einzelne und Organisationen sich jedoch ihre Spielräume ebenso erkämpfen, wie sich die moderne Marktwirtschaft gegenüber dem Merkantilismus und Feudalismus durchsetzen mußte. Hier, auch hier gilt, daß Freiheit niemandem in den Schoß fällt.

Marktgesellschaft – was soll das heißen? Die abstrakte Antwort ist leichter als die konkrete. Es ist eine Gesellschaft, in der das Gemeinwohl aus dem Handeln, ja dem Interesse von vielen Einzelnen und Gruppierungen resultiert. Der Einzelne und die kleinen, dezentralen Einheiten »werden durch eine unsichtbare Hand dazu geführt, ein Ziel zu fördern, das in keiner Weise ihre direkte Absicht war. Und es ist keineswegs schlecht für die Gesellschaft, daß diese Absicht nicht bestand.« So Adam Smith, über die Wirtschaft natürlich. Der Elternbeirat, die Bürgerinitiative gegen den Bau einer Straße, der Fastnachtsverein, die Rockgruppe haben natürlich so etwas wie ein mehr als individuelles, rein persönliches Wohl bei ihrem Tun im Sinn; aber das Gemeinwohl selbst entsteht doch erst durch das Handeln aller dieser Gruppen und vieler anderer mehr. Es läßt sich jedenfalls nicht durch den Staat definieren. Man sollte dem Staat und denen, die ihn verwalten, das Recht bestreiten, für sich die Bestimmung des Gemeinwohls in Anspruch zu nehmen.

Das ist nicht (nur) zur Verteidigung der Vereinsmeierei gesagt. Sucht man allerdings nach gewichtigeren Beispielen für die Marktgesellschaft, so muß man fast unweigerlich in die angelsächsische Welt blicken. Sie ist ja nie so verstaatlicht worden wie die des europäischen Kontinents. Da sind zum Beispiel die britischen Berufsstände, die Anwälte etwa. Sie sind in zwei Gruppen unterteilt, in Klientenanwälte (*solicitors*) und in Gerichtsanwälte (*barristers*). Irgendwann muß man sich entscheiden, welchen dieser Wege man gehen will. Für beide gibt es getrennte Ausbildungsgänge, die teils theoretischer, teils praktischer Natur sind. Die zu diesem Zweck geschaffenen Hochschulen werden vom Berufsstand verwaltet; der Berufsstand nimmt auch das Abschlußexamen ab. Die Zulassung als Anwalt erfolgt durch den Berufsstand. Dieser wacht wie bei uns über die Einhaltung der Standesethik. Und er tut es natürlich viel effektiver, als der Staat es je könnte. Am Ende haben die so zugelassenen und kontrollierten Anwälte ganz ähnliche Funktionen wie deutsche Staatsanwälte und Verteidiger: Sie verwalten etwas Öffentliches, das Recht. Aber sie tun es hier nicht durch den Staat und am Bändel des Staates.

Erwähnenswert sind auch die britischen Universitäten. Sie erhalten einen beträchtlichen Teil ihrer Mittel vom Staat, das heißt auf Grund von parlamentarischen Haushaltsentscheidungen. Dies sind allerdings Entscheidungen über eine Globalsumme. Sie wird von einer Kommission aus Wissenschaftlern und unabhängigen Persönlichkeiten (dem *University Grants Committee*) auf die Universitäten verteilt, die ihrerseits Globalzuweisungen erhalten. Es bleibt ihnen überlassen, ob sie damit ihre Gebäude instandsetzen, neue Lehrstühle schaffen, Forschungen finanzieren oder das meiste Geld investieren wollen. Alle paar Jahre kontrolliert ein Rechnungshof die technisch ordnungsgemäße Verwendung der Mittel, so daß Rektoren das Geld nicht in die eigene Tasche stecken können. Auch sind die wirklichen Alternativen begrenzter. Aber es gibt keinen Parlamentsausschuß, der sich mit der nächsten Assistentenstelle in Romanistik befaßt, und kein Ministerium, mit dem Professoren über eine Gehaltserhöhung verhandeln.

Damit soll deutlich gemacht werden: Auch dort noch, wo die Funktionen oder die Finanzierung von Institutionen öffentlich sind, braucht der Staat nicht alle zehn Finger in deren Leben zu stecken. Das ist mit einiger Wehmut gesagt. Die Hoffnung, den deutschen Staat aus derlei Tätigkeiten zu vertreiben, ist gering. Es ist aber auch durchaus klar ausgedrückt. Zu suchen hat der Staat in vielen Bereichen, in die er in Deutschland seine Hände steckt, jedenfalls nichts. Der Staat zerstört die Freiheit, indem er sich einmischt.

Er zerstört auch die Initiative. Das ist die andere Seite der verstaatlichten Gesellschaft, daß sie die Bürger entmutigt. Sie verlockt dazu, immerfort zu Behörden zu rennen oder auch nur voller Empörung zu sagen, »da muß doch der Staat etwas tun«, wenn in Wahrheit der Einzelne etwas tun sollte. Nur Verantwortung macht verantwortlich. Der allesdurchdringende Staat ist ein Rezept für unverantwortliches Handeln.

Die Vereinigten Staaten sind das klassische Land für Initiativen großen Stils. Dort, wo viele der inneren Städte in einen katastrophalen Zustand der physischen und menschlichen Verwilderung geraten sind, haben sich auf einmal Menschen gefunden, die Abhilfe schaffen. Pater Gigante in South Bronx, einem der heruntergekommensten Teile New Yorks, hat zunächst seine Kirchengemeinde, dann einen weiteren Kreis dazu bewegt, gemeinsam die verfallenden Häuser wieder instandzusetzen, dann auch neue Nachbarschaften zu bilden, dadurch sogar die Zahl der Verbrechen zu verringern. Auf einmal findet man in diesem Ruinengelände, in dem viele Eigentümer ihre Häuser in Brand gesteckt haben, um wenigstens die Versicherungssumme zu kriegen, da ihre Gebäude schon nicht mehr verkäuflich waren, Inseln der Urbanität. Heile Häuser, Gärten, Spielplätze, Schulen sind neu entstanden.

Das kostet Geld. Übrigens kostet es nicht sehr viel Geld; aber etwas ist schon nötig. Und so entsteht, aus dem Nichts, möchte man sagen, eine Organisation zur Unterstützung lokaler Initiativen (*Local Initiatives Support Corporation*). Sie sammelt Geld von Stiftungen, Firmen, Individuen und zum geringsten Teil von Gemeinden; und sie benutzt die Mittel, um Initiativen wie die von South Bronx anzuregen. Derlei geschieht nicht nur in Amerika. Eine ähnliche Geschichte ließe sich über Easterhouse, einen Teil von Glasgow, erzählen, in dem die Arbeitslosigkeit beinahe vierzig Prozent erreicht hat. Als die Leute von ihrem Elend die Nase voll hatten, begannen sie, sich selbst zu helfen. Auch da ging es mit der Instandsetzung der Häuser los, dann mit dem Bau von Geschäften, mit einer lokalen Rundfunkstation, mit einer *festival society*, einer Art Sommer-Karnevalsgesellschaft. Die Stadt half mit etwas Geld; aber wiederum ist die staatliche Unterstützung minimal.

Es wäre nicht schwierig, diesen Geschichten Dutzende von anderen hinzuzufügen: Stadterneuerung, Hilfe für Drogenabhängige und für unverheiratete junge Mütter, Wiedereingliederung von Straffälligen, Kunst- und Kulturaktivitäten, Computer-Reparaturen, Ausbildung in Karate und anderen Selbstschutz-Methoden und vieles mehr können fast ganz ohne Staat und Behörden von Einzelnen oder Gruppen bewerkstelligt werden. Und sie werden es. So entsteht eine Gesellschaft, in der »weniger Staat« keine Phrase ist!

Dafür gibt es natürlich auch in Deutschland Beispiele. Nicht alle Bürgerinitiativen sind negativ in ihrer Zielsetzung, also Verhinderungsinitiativen. Aber die meisten sind es. Der Protest gegen den Staat ist meist schon Anfang und Ende der Eigentätigkeit. Wer wollte es den Menschen verübeln? Wer in Deutschland daranginge, auf dem Wege der Selbsthilfe die hier geschilderten Dinge zu tun, würde wahrscheinlich alsbald feststellen, daß ihm das Staatsexamen fehlt, um bestimmte Dinge zu tun, oder die Genehmigung zur Ausübung einer Tätigkeit oder jedenfalls irgendein Stempel, der nur unter endlosen Mühen zu bekommen ist. Auch die politisch-gesellschaftliche Atmosphäre fördert die Unterstützung von Initiativen durch private Einrichtungen nicht gerade. Selbst private Unternehmen meinen, die Marktwirtschaft sei zwar eine nützliche Sache, aber um alles übrige solle sich der Staat kümmern. Es fehlt noch vieles an jenem Klima der Selbsthilfe und Eigeninitiative, in dem allein eine freie Gesellschaft gedeiht. Daß es Ausnahmen gibt, ist gut. Aber die Ausnahmen müssen zur Regel werden, damit Deutschland eine Marktgesellschaft wird. Die Konsequenz für Liberale liegt auf der Hand. Innerhalb der staatlichen Ordnung ist alles zu unterstützen, was zu Dezentralisierung und Vielfalt führt. Föderalismus ist ein liberales Prinzip; der Zentralismus der FDP war immer ein Irrtum. Noch im Bildungswesen ist föderalistische Vielfalt wünschenswert. Amerika, das Land mit der höchsten Mobilität, hat fast so viele Schulsysteme wie Gliedstaaten. Hat schon jemand gehört, daß das der Qualität der Schulen und Hochschulen abträglich gewesen wäre? Innerhalb der Länder sind es die Gemeinden, die zählen. Das soziale Kapitalverbrechen der sogenannten Verwaltungsreform ist wohl nicht mehr rückgängig zu machen. Es ist die größte Geschichtszerstörung durch administrative Entscheidungen, die Deutschland (wie andere europäische Länder) erlebt hat. Wo es die Forderung nach neuer Dezentralisierung gibt, sollte ihr Raum gegeben werden.

Am Rande der staatlichen Ordnung muß der Grundsatz gelten: was immer mit nichtstaatlichen Mitteln getan werden kann, sollte so getan werden. Daß das Resultat nicht immer in die säuberliche Ordnung staatlicher Regelkataloge paßt, darf niemanden erschüttern. Eine freie Gesellschaft ist immer ein bißchen unordentlich; zuviel Ordnung und Einheitlichkeit sind ohnehin verdächtig. Also müssen auch Bürgerinitiativen unterstützt werden – vor allem solche, die konstruktive Ziele verfolgen. Das ist kein Argument gegen negative Bürgerinitiativen; der Liberale wird für sie in aller Regel besondere Sympathien haben. Aber unsere Zukunft wird aus den konstruktiven Initiativen gebaut, an ihnen beweist sich die innere Kraft einer freien Gesellschaft.

Das alles verlangt Veränderungen menschlicher Einstellungen. Es verlangt die Bereitschaft, Dinge zu tun, ohne auf den Staat zu schielen. Es verlangt Sinn für das Nötige, der sich nicht durch das bürokratische Regelwerk entmutigen läßt. Es verlangt Unterstützung von privaten Instanzen, von Unternehmen, Organisationen und Individuen. Es verlangt vor allem Sinn für Solidarität. Das Karriererennen der Wachstumsgesellschaft verträgt sich leider nur allzugut mit der Staatsgesellschaft. Vielleicht kann man hoffen, daß der sozialökonomische Themenwechsel statt dessen eine neue Solidarität fördert – dort wo Menschen wohnen, tätig sind, leben.

Auf der Suche nach neuen Bindungen

Recht und Ordnung lassen sich nicht (nur)
durch Polizei und Justiz gewährleisten.

Recht und Ordnung sind zu einem der großen Probleme der modernen Gesellschaft geworden. Sie sind dies verdoppelt für den Liberalen, dessen Haare sich sträuben, wenn er die harte Forderung nach *law and order* hört. Aber das ändert nichts an dem haarsträubenden Problem. Es heißt nur, daß man bei der Suche nach einer Lösung etwas tiefer graben muß. Die Gefährdung von Recht und Ordnung rührt nämlich an die Grundlagen unseres gesellschaftlichen Zusammenlebens.

Daß die Gefährdung besteht, zeigt sich zunächst an vertrauten, nichtsdestoweniger dramatischen Zahlen. In England und Wales sind im Jahre 1974 zwölfmal so viele Verbrechen registriert worden wie im Jahre 1900. Nach verläßlichen Schätzungen liegt die Wahrscheinlichkeit, daß ein New Yorker im Laufe seines Lebens zum Opfer von Gewaltverbrechen wird, bei sechzig Prozent, das heißt: sechs von zehn New Yorkern müssen dies befürchten. Acht von zehn haben ihren Lebensstil geändert, um sich gegen solche Gefahren zu wehren. Sowohl in England als auch in Amerika ist jeder zweite, der das 21. Lebensjahr noch nicht vollendet hat, schon einmal straffällig geworden; die Jugendkriminalität ist die erschreckendste Form des ständigen

Anwachsens von Verbrechen. Wenn auch der Anteil der gemeldeten Verbrechen seit der Jahrhundertwende zugenommen hat, bleibt doch hinter all diesen Zahlen eine beträchtliche Quote unaufgeklärter Straftaten.

Die deutschen Zahlen sind nicht ganz so schlimm. Allein das Fehlen von Städten wie London oder New York beeinflußt die Kriminalität in kleineren Ländern, was schon ein Hinweis auf Ursachen wie auf Abhilfen ist. Auch in Deutschland gilt indes, daß die Zahl der Gewaltverbrechen in den letzten Jahrzehnten dramatisch zugenommen hat. Hier wiegt die Jugendkriminalität ebenfalls besonders schwer. In diesem Zusammenhang ist die Erschütterung des Landes durch den Terrorismus von Bedeutung. So schrecklich die Terrorakte im einzelnen waren, so geringfügig ist doch der deutsche Terrorismus verglichen mit Italien, Spanien oder Irland. Dennoch war seine Wirkung tiefgehend und nachhaltig. Er hat die Deutschen daran erinnert, daß mit dem Gesellschaftsvertrag etwas nicht mehr stimmt.

Angesichts solcher Phänomene regt sich stets nicht nur das verständliche Verlangen nach effektiverer Aufklärung, sondern auch nach härterem Durchgreifen der Polizei und schärferen Strafen. Es wird mehr Geld für die Polizei und für die Fahndung ausgegeben; spezielle Gefängnisse werden gebaut, schärfere Strafen verhängt. In allen Kneipen ist man sich einig, daß nur die Wiedereinführung der Todesstrafe helfen kann. Mit anderen Worten: viele Bürger und manche ihrer Vertreter suchen nach offenbaren, nach machbaren Wegen, um die gute alte Zeit wieder zurückzubringen. Manche denken dabei sogar, ohne rot zu werden, an die Zeit nach 1933: »Unter Hitler wäre so etwas nicht passiert.« In der Tat. Damals hat der Staat selbst gemordet, und allzu viele waren es zufrieden.

In Wirklichkeit reicht die Problematik viel tiefer. Das gilt ohnehin für Recht und Gesetz zu allen Zeiten. Denn sie können immer nur funktionieren, wenn sie von der Überzeugung der Bürger getragen werden. Tempo 90 auf amerikanischen Autobahnen ist eine ebenso sinnlose Regel, jedenfalls in den weiten Ebenen des Mittleren Westens, wie die komplizierten Steuergesetze fast aller modernen Gesellschaften oder spezifischer: wie die Einkommensteuer in Italien. Es ist niemals möglich, alle Übertretungen und Vergehen, ja alle Verbrechen zu ahnden. Eine amerikanische Untersuchung hat ergeben, daß fünfzig Prozent aller Erwachsenen zugeben, irgendwann in ihrem Leben Dinge getan zu haben, die bei Entdeckung eine Gefängnisstrafe zur Folge gehabt hätten. Auch diese Zahl ist nicht ohne weiteres übertragbar. Sie dokumentiert aber die große Frage der Grundlagen von Recht und Ordnung.

In Wahrheit greifen in modernen Gesellschaften, einschließlich der der Bundesrepublik Deutschland, die geltenden Regeln immer weniger. Sie greifen immer weniger, weil sie nicht mehr von lebendigem Bürgersinn getragen werden – schlimmer noch, es fehlt die Selbstkontrolle der Gemeinschaft, für die die Regeln gelten sollen. Daß *law and order* eine so äußerliche, oberflächliche Forderung geworden ist, bezeugt nur das Fehlen eines tieferen Zusammenhalts, ohne den doch eine freie Gesellschaft nicht bestehen kann. Hier hängt übrigens die Frage von Recht und Ordnung unmittelbar mit dem zusammen, was wir über kleine soziale Netze und über die Marktgesellschaft gesagt haben.

Modernität bedeutet die Entzauberung der Welt. Max

Weber, der diese Formulierung gebraucht hat, kannte den Preis des Prozesses. Der Ausgang des Menschen aus seiner selbstverschuldeten Unmündigkeit ist ein großer Schritt in eine Welt der Optionen. Modernität bedeutet, daß Optionen, Wahlchancen an die Stelle überkommener Bindungen treten. Das ist zunächst ein Prozeß der Individualisierung. Die moderne Welt ist eine Welt des Vertrages zwischen Individuen im rechtlichen, äußerlichen Sinne. Noch der Arbeitsvertrag beruht auf der Fiktion der individuellen Vertragsfähigkeit. Hand in Hand mit der Individualisierung geht dann die Formalisierung von Wahlchancen durch die Geldwirtschaft.

Auch wenn sich nicht alles, was Menschen allenfalls wünschen könnten, in Dollar oder Mark ausdrücken läßt, ist doch Geld der Inbegriff menschlicher Optionen. Geld ist das eine Mittel zu nahezu unendlichen Zwecken. Aber Wahlchancen haben noch andere Dimensionen. Mobilität, selbst Voraussetzung und Folge der wirtschaftlichen Modernisierung, bietet Optionen. Das gilt für geographische Mobilität nicht minder als für soziale Mobilität im Sinne des Aufstieges und gelegentlich Abstieges. Soziale und politische Teilnahmechancen sind Optionen, die moderne Gesellschaften ihren Bürgern bieten. Auch ohne die Liste zu verlängern oder in eine systematische Ordnung zu bringen, läßt sich sagen: die Entzauberung der Welt ist zugleich die Eröffnung von Optionen.

Dieser Prozeß war das große Thema der Liberalen in den letzten zwei Jahrhunderten. Liberale vor allem haben immerfort Optionen verlangt. Sie wollten, daß Menschen zu Bürgern werden, zu Individuen, die als solche ihre Wahl treffen zwischen Konsumgütern, zwischen politischen Gruppierungen, zwischen Lebensstilen und Lebenszielen. Liberale waren daher Gegner nicht nur aller überkommenen Bindungen, sondern auch aller Versuche, neue Bindungen zu stiften. Liberale waren Gegner der Vermischung von Kirche und Staat. Liberale waren Gegner rechtlich fixierter Privilegien. Liberale waren Gegner eines starren Begriffes von Familie; sie waren Befürworter eines erleichterten Scheidungsrechts und Gegner der Abtreibungsparagraphen. Liberale waren Gegner einer Sozialpolitik, die den Einzelnen an seinem Geburtsort oder Wohnort festband; sie wollten Mobilität. Liberale waren Gegner feudaler und quasi-feudaler Bande zwischen Herr und Knecht. Liberalismus war fast zwei Jahrunderte lang Optionspolitik, also der Kampf um die Erweiterung menschlicher Lebenschancen durch die Vermehrung von Optionen.

Das alles war nicht falsch. Wenn Liberale zu Gegnern der Erweiterung menschlicher Wahlmöglichkeiten werden, dann hat der Liberalismus seine Rolle endgültig ausgespielt. Aber die Vermehrung von Optionen war nicht genug; sie ist es vor allem heute nicht mehr. Der Ausgang des Menschen aus seiner selbstverschuldeten Unmündigkeit klingt gut; indes reichen die Verlegenheiten des mündigen Menschen tief. Schon die Entzauberung der Welt klingt nicht so gut. Max Weber sah sie als unausweichlich an; aber ein leiser Zweifel klingt doch mit, wenn er vom »Intellektualismus« spricht, durch den »die Prozesse der Welt entzaubert werden, ihre magische Bedeutung verlieren, ›sind‹ und ›geschehen‹, aber nicht mehr ›Sinn haben‹«. Und man erinnert sich, daß Webers französischer Zeitgenosse Émile Durkheim, als er versuchte, das Phänomen des Selbstmordes zu erklären, in die Analyse der Solidarität moderner Gesellschaften das

Wort von der »Anomie« einführte, die sich vielleicht einstellt, wenn alle tieferen Bindungen gebrochen werden zugunsten einer Welt der Optionen.

Der Amerikaner Robert MacIver hat das Ergebnis eindringlich formuliert: »Anomie bedeutet den Geisteszustand von jemandem, der seinen moralischen Wurzeln entrissen ist, der keine Maßstäbe mehr hat, sondern nur mehr unzusammenhängende Antriebe, der keinen Sinn für Kontinuität, für gewachsene Gruppen, für Obligationen mehr hat. Der anomische Mensch ist geistig steril geworden, nur auf sich selbst bezogen, niemandem verantwortlich. Er mokiert sich über die Werte anderer Menschen. Sein einziger Glaube ist die Philosophie des Neinsagens. Er lebt auf der schmalen Linie des Empfindens zwischen der fehlenden Zukunft und der fehlenden Vergangenheit ... Anomie ist ein Geisteszustand, in dem der Sinn des Individuums für sozialen Zusammenhalt – die Hauptquelle seines moralischen Halts – gebrochen oder tödlich geschwächt ist.«

Dies ist kein wissenschaftlicher Traktat, sondern eine Schrift zur politischen Theorie des Liberalismus heute. Daher muß mancher Faden der Argumentation ungeknüpft, manche Wurzel der Erklärung unerkundet bleiben. Anomie, Selbstmord, Verbrechen, Ratlosigkeit, Patentlösungen, Angst sind alle auf unterirdische Weise verbunden. Es ist deshalb eine durchaus politische Aussage, wenn wir behaupten, daß Lebenschancen mehr sind als Optionen. Optionen sind leere Wahlchancen, wenn die Koordinaten fehlen, die ihnen Sinn geben. Diese Koordinaten aber bestehen aus tiefen Bindungen, die ich Ligaturen nenne. Der Liberalismus, der die Erweiterung menschlicher Lebenschancen will, muß sich heute ebenso um menschliche Ligaturen wie um Optionen kümmern; denn die Balance zwischen beiden ist ins Rutschen geraten. Wenn wir nicht den Weg von der bindungslosen Anomie ungezählter Optionen zu einer Welt der durch Ligaturen mit Sinn erfüllten Optionen finden, dann ist mit Recht und Ordnung der Gesellschaftsvertrag selbst in Gefahr. Das ist keine leere Formel für den, der die großen Städte der Welt kennt.

Ligaturen sind Zugehörigkeiten. Sie sind starke soziale Bindungen, die nicht auf Vertrag beruhen und insoweit vorrational sind, die das Individuum überdauern und insoweit einen langen Zeithorizont haben und die sich nicht abschütteln lassen, jedenfalls nicht ohne das Risiko der äußersten Fremde, der Anomie. Es ist leicht, die Ligaturen von gestern aufzuzählen, zumal in manchen von ihnen dasselbe lateinische Verbum – *ligare* – steckt. Religion war für fast alle und ist noch immer für manche eine Ligatur. Die Obligationen der Familie, der Zugehörigkeit zu einer Zunft, einem Stand, der örtlichen Bindung, der Abhängigkeit von Herren und andere mehr gehören dazu. Und wenn man sie aufzählt, sträuben sich alsbald wieder die liberalen Haare: Ist es nicht ein Gewinn, daß derlei Ligaturen gebrochen worden sind durch die Revolutionen der Modernität? Waren sie nicht Quellen der Unfreiheit? Sie waren es. Es wird nicht nur keine Rückkehr zu den alten Ligaturen geben, so intensiv das mancher Vertreter der blauen Tendenzwende auch empfiehlt, sondern es sollte diese Rückkehr auch nicht geben. Nie wäre Unmündigkeit stärker selbstverschuldet, als wenn das geschähe. Die Frage ist vielmehr: Gibt es Ansätze für neue Ligaturen?

Man mag zweifeln, ob das noch eine politische Frage ist. Hier wie auch sonst liegt vielleicht die eigentliche Aufgabe der öffentlich Tätigen darin, ihr Ohr auf die Schienen der Zeit zu legen, um zu hören, ob aus der Ferne neue Züge heranrollen. Ligaturen werden ja nicht gemacht; sie werden vielleicht noch nicht einmal gestiftet; sie bilden sich. Dabei geschehen schwere, tödliche Irrtümer. Jonestown, die Moonies, überhaupt die neuen Sekten sind verzweifelte Suche nach neuen Bindungen. Noch weiß man nicht, was die Wiederkehr des Heiligen bedeutet. Interessanter ist die Frage, ob ein Weg, wie ihn etwa Hans Küng empfiehlt, also die Wiedergewinnung von christlichen Ligaturen durch alle Optionen der modernen Welt hindurch und ohne deren Leugnung, Erfolg verspricht.

Auch Jürgen Habermas geht es um die Frage, ob sich in herrschaftsfreien, also unendlich optionsoffenen Räumen neue Ligaturen bilden könnten. Ein neues Interesse an der Kenntnis, auch der Lehre der Geschichte gehört in diesen Zusammenhang. Einstweilen ist indes die Suche nach überdauernden, sinnstiftenden Bindungen deutlicher als deren Bildung. Die Mitglieder der Friedensbewegung, die sich umarmen; die Wohngemeinschaften, die Häuser »instandbesetzen«; die solidarischen Gruppen der alternativen Welt sind Beispiele. Niemand sollte sie abtun und schon gar nicht zu zerstören suchen. Das gilt auch dann, wenn man, wie ich, in diesem so wichtigen Gelände der menschlichen Entwicklung einstweilen nur große Fragezeichen sieht.

Das heißt gewiß nicht Untätigkeit, bloßes Warten auf eine bessere Welt, die nicht kommt. Wir haben das Thema hier bewußt im Zusammenhang von Recht und Ordnung erörtert. Es ist angesichts der vorherrschenden Anomie durchaus wahrscheinlich, daß die Kräfte von Recht und Ordnung, also Polizei und Justiz, für einige Zeit etwas ärgerlich Äußer-

liches, Konfrontatives an sich haben werden. Das läßt sich
abmildern. Zum Beispiel gehört die Polizei auch im Regelfall
heraus aus ihren Autos und zurück auf die Straßen der
Städte und Dörfer. Auch gibt es einen Stil des Polizeiverhal-
tens wie des Verhaltens der Justiz, der wenigstens unnötige
Auseinandersetzungen vermeidet. Zu beschreiben ist er so
schwer wie das Liberalsein. Für diesen Stil gilt, daß er situa-
tionsbezogen ist, daß er den Bruch der Regeln nicht duldet,
durch die unsere Freiheit garantiert wird, und doch sieht,
was hinter dem versuchten Regelbruch steht und was nicht.
Das »Berliner Modell« der Bürgermeister Hans-Jochen
Vogel und Richard von Weizsäcker enthält da manche Lehre
für andere. Aber selbst im günstigsten Fall werden wir noch
viele Jahre erleben, in denen Recht und Ordnung nicht
selbstverständlich sind. Hier, gerade hier, ist von langfristi-
gen Prozessen, von langen Zyklen der gesellschaftlichen
Ordnung die Rede.

Immerhin gibt es Anfänge. Auch das sind Anfänge der
Selbsthilfe, der Solidarität. Damit sind nicht etwa Bürgerwehren gemeint; Bürgerwehren, »Vigilante«-Gruppen sind
ebenso schlimm wie diejenigen, gegen die sie sich und
andere zu schützen vorgeben. Wohl aber gibt es Nachbarschaften, in denen man sich wieder daran gewöhnt hat zu
merken, ob etwas Ungewöhnliches nebenan geschehen ist.
Mancherorts ist das organisiert. Daß auch hier wieder amerikanische Städte die eindringlichsten Beispiele liefern, wird
niemanden überraschen. Eine Fülle von kommunalen Programmen zur Verbrechensvorbeugung ist dort versucht worden. An einem Ort haben sich Bürger zu regelmäßigen Kon-
trollgängen und Maßnahmen zur Diebstahlsbekampfung
bereitgefunden. An einem anderen Ort ist eine regelrechte

Jugendstadt entwickelt worden, in der viele früher straffällige Jugendliche neue Aufgaben gefunden haben. An einem
dritten Ort sind Häuser und Gärten von vornherein so angelegt worden, daß Verbrechen erschwert werden. Vielfach
sind Jugendprogramme speziell auf die Verbrechensvorbeugung eingestellt.

Das alles bietet gewiß nicht das Bild einer idealen Welt. Es
ist eine durchaus äußerliche Methode, um tief innen liegende Probleme zu lösen. Da kann man kaum umhin, die
Schweiz um ihr gemeindebezogenes Bürgerrecht zu benei-
den. Nicht nur kann der Einzelne sich in Notfällen an seine
Heimatgemeinde wenden, diese weiß auch, was der Einzelne, falls er nicht in den großen Städten zu Hause ist, tut
und treibt. Das mag manchem schon zuviel Ligatur sein:
man sollte es an der Alternative messen.

Hinter alldem steckt die Notwendigkeit einer breiteren
Solidarität. Schlimmer noch als Raub und selbst Mord ist ja
das Verhalten derer, die wegschauen, weglaufen, wenn
etwas neben ihnen geschieht. Da erst löst sich der Gesellschaftsvertrag wirklich auf; vielmehr lösen die, die sich
abwenden, ihn auf. Hier ist eine neue Solidarität Bedingung
der Möglichkeit des Überlebens in Freiheit. Begehe niemand
den Fehler zu glauben, daß hier angesichts harter Fragen
weiche Lösungen empfohlen werden: Polizei und Justiz können nicht besser sein als der soziale Zusammenhalt, der
sie trägt. Die Erneuerung des Gesellschaftsvertrages ist eine
elementare Aufgabe, zu der Liberale einen besonderen Beitrag zu leisten haben, weil es ihnen um die ganzen Lebenschancen gehen muß, um Optionen wie Ligaturen.

Radikale Freiheit

*Wir müssen Abschied von der Hoffnung
auf den Staat als Wunderdoktor
für alle Krankheiten der Zeit nehmen.*

Es ist an der Zeit, eine Zwischenbilanz zu ziehen. Diese Zwischenbilanz ist in einer Hinsicht einfach. Ein Themenwechsel findet unter unseren Augen statt. Für Liberale bringt er schlechte Zeiten. Er birgt aber auch große Chancen für eine Neuorientierung. Diese Neuorientierung hat einen Namen: radikale Freiheit. Und radikale Freiheit wird vor allem dadurch erreicht, daß wir Abschied von der Hoffnung auf den Staat als Wunderdoktor für alle Krankheiten der Zeit nehmen. Auf den zweiten Blick allerdings ist die Schlußfolgerung nicht ganz so einfach. Da mag es sich empfehlen, noch einmal die Elemente des sozialdemokratischen Jahrhunderts zu mustern und zu prüfen, wo und warum eine liberale Politik für morgen andere Wege gehen muß. Andere Wege, nicht entgegengesetzte Wege – dieser Ausgangspunkt ist nie zu vergessen.

Wachstum: Es ist unwahrscheinlich, daß das kommende Jahrzehnt den OECD-Ländern, die Bundesrepublik eingeschlossen, nennenswerte Wachstumschancen eröffnet. Schon die Erhaltung des gegenwärtigen Bruttosozialprodukts und der heutigen Reallöhne verlangt erhebliche Anstrengungen – wirtschaftliche Anpassung, offenen Handel, Innovation und Initiative. Zugleich aber ist eine Änderung der Einstellungen nötig. Wir müssen bereit sein, mit

niedrigem Wachstum zu leben. Wohlfahrt ist nicht mehr in
erster Linie ein quantitativer, sondern zunehmend ein qualitativer Begriff. Den Weg zu qualitativer Wohlfahrt zu
suchen, ist die liberale Aufgabe.

Das heißt, daß nicht nur die Wirtschaft, sondern auch die
Wirtschaftspolitik in den Hintergrund tritt. Natürlich bleibt
es ebenso wichtig wie schwierig, die materielle Basis des
Wohlstandes zu erhalten. Aber das ist keine spezifisch liberale Aufgabe. Liberal ist allenfalls der Versuch, Patentlösungen zu verhindern, also immer wieder daran zu erinnern,
daß uns weder die blaue noch die rote Methode weiterführt.
Die pragmatische Mischung von wirtschaftspolitischen Entscheidungen, die nötig ist, stellt indes weder eine liberale
Erfindung dar, noch kann sie Kernpunkt liberaler Programmatik sein. Gemäßigte Sozialdemokraten oder Christdemo-
kraten können diese Wirtschaftspolitik genausogut betreiben.

Gleichheit: Die Unterscheidung zwischen staatsbürgerlichen Grundrechten und einer tatsächlich gleichen Lebenslage ist abstrakt einfacher zu treffen als in der Realität. Bürgerrechte haben ein Maß an Umverteilung verlangt. Wenn
Einzelne wirtschaftliche Positionen innehaben, aus denen sie
unbeschränkt die Lebenschancen von vielen anderen bestimmen können, oder wenn ihnen am anderen Ende der sozialen Skala die Armut verbietet, die einfachsten Chancen
ihrer Gesellschaft wahrzunehmen, dann kann von erfüllten
Staatsbürgerrechten nicht die Rede sein. Darum war für den
Liberalen der Sozialstaat nötig, weshalb in der Einleitung zu
den Freiburger Thesen der FDP die Sozialpolitik direkt mit
den Bürgerrechten verbunden wurde.

So schwierig indes die Grenzziehung zwischen Chancen-
gleichheit und Gleichheit der Resultate ist, so wichtig ist die

Frage, in welche Richtung man zielt, wenn man praktische
Entscheidungen zu treffen hat. Daran darf kein Zweifel
bestehen, daß es dem Liberalen vor allem um die Gleichheit
der Startchancen geht. Sie – und nur sie – läßt sich sinnvoll
als ein Recht bezeichnen, also als Anspruch, der aus den
Artikeln des Gesellschaftsvertrages selbst hervorgeht. Die
Rechte selbst bedürfen immer neu der Überprüfung. Sie sind
nie endgültig gegeben. Die Gleichheit vor dem Gesetz kann
neu in Gefahr geraten, wenn ihre Realisierung für viele zu
teuer wird. Aber die Überprüfung sollte in beide Richtungen
führen. Wenn eine neue Lage der öffentlichen Haushalte zu
schmerzhaften Einschnitten zwingt, ist es nötig, eine Rangordnung der Notwendigkeiten herzustellen. Es gibt Gemeinschaftsaufgaben, die auf jeden Fall erfüllt werden müssen,
damit alle Bürger in der Lage sind, am Leben der Gesellschaft teilzunehmen; es gibt andere Aufgaben, die dem Einzelnen selbst überlassen werden können – und es gibt eine
außerstaatliche Realität, die zu stärken ist, damit niemand
durch das soziale Netz fällt, das alle Staatsbürger trägt.

Es bleibt allerdings anzumerken: Freiheit und Gleichheit
sind nicht grundsätzlich miteinander vereinbar. So oft die
Behauptung von der Vereinbarkeit der beiden auch aufge-
stellt worden ist, seit die Begriffe in der Siegesparole der
Französischen Revolution zusammengespannt wurden, bei
genauerem Hinsehen sind nur die gleichen Grundrechte aller
Bürger mit der Freiheit vereinbar. Mehr noch, sie sind
Bedingung der Möglichkeit erfüllter Freiheit. Jenseits dieser
Grundrechte aber ist Ungleichheit keineswegs unerträglich.
Damit ist nicht die billige These gemeint, daß die Reichen
sich ihren Reichtum wohl erworben haben und die Armen es
nicht besser verdienen. Wohl aber gilt, daß Gesellschaft
ohne Ungleichheit nicht denkbar ist, weil es nicht nur mate-

rielle, sondern auch positionelle, also der Natur der Sache nach ungleich verteilte Güter gibt (um Fred Hirschs Begriffe zu verwenden): Selbst bei äußerster Demokratisierung kann weder jeder Bundeskanzler werden noch ein altes Haus im Hochschwarzwald sein eigen nennen.

Gräbt man etwas tiefer, dann läßt sich sogar die These verteidigen, daß die Ungleichheit eine produktive Kraft des gesellschaftlichen Prozesses ist, weil sie zur Initiative und damit zur Veränderung anregt. Die Utopie der Gesellschaft der Gleichen ist auch das Bild einer erstarrten, zukunftslosen Gesellschaft, die nur dadurch am Leben erhalten wird, daß am Ende doch einige gleicher sind als andere. »Im Zweifel für die Freiheit« ist nicht nur eine unanstößige These; sie kann auch heißen: »Im Zweifel gegen die Gleichheit«. Jedenfalls liegt in der Entfaltung der Freiheit am Ende eines Zeitalters der Gleichheit eine entschiedene Aufgabe der Liberalen. Eine neue liberale Sozialpolitik verdient einen hohen Platz in ihrer Programmatik.

Arbeit: Hier ist dem, was zum Ende der Arbeitsgesellschaft gesagt worden ist, nichts hinzuzufügen. Das heißt nicht, daß das Thema weniger wichtig wäre. Die Entfaltung der Tätigkeitsgesellschaft ist im Gegenteil die Kardinalaufgabe der nächsten Jahre. Von der Bildungspolitik bis zur Steuerpolitik, von der Frage des Sozialdienstes bis zu der des Pensionierungsalters, von den Möglichkeiten der Flexibilität bis zu denen der Überwindung des Mißverhältnisses von menschlichen Wünschen und Angeboten des Arbeitsmarktes gibt es hier viel Raum für Phantasie und für Aktion.

Vernunft: Dabei geht man mit großem Zögern an die Beschreibung des anderen, des Themenwechsels. Schon ist ja verdächtig häufig von der Lebenswelt des Menschen die Rede, die mehr ist als die Welt seines Intellekts, mehr auch als die der Rationalität. Es gibt Forderungen der Vernunft, von denen wir uns nichts abhandeln lassen dürfen. Zum Beispiel bleibt es wichtig, Gründe für das zu nennen, was man zu tun vorhat. Unbegründete Politik ist allzuoft unbegründbare Politik. Der politische Diskurs darf nicht zum Austausch von Emotion und Applaus werden. Die Erinnerung an Nürnberger Reichsparteitage, überhaupt an »Führerreden«, auch an Goebbels' »Wollt ihr den totalen Krieg?« und das tausendstimmige »Ja«, das doch Massenselbstmord bedeutete, darf uns nicht verlassen. Ein vernünftiger politischer Diskurs gehört zu einer politischen Kultur, die in der Bundesrepublik bisher nur in Rudimenten vorhanden ist.

Aber das ist nicht die ganze Geschichte der Vernunft. Da bleibt noch die Entzauberung der Welt. Nicht daß wir die Welt verzaubern sollten; aber ihr Zauber sollte uns nicht entgehen. Hier ist rasch hinzuzufügen, daß dies keine politische Aufgabe ist. Wohl aber kann es Aufgabe der Politik sein, nicht eine Wertwelt zu verbreiten, die alle Ligaturen zerstört, alles Ererbte entwertet, alle Solidarität im Namen des Individualismus lächerlich macht, alle Bindungen in Verträge zwischen »freien Einzelnen« aufzulösen sucht. Man braucht die Kraft der Vernunft nicht zu leugnen, um zu dem Schluß zu kommen, daß Leben mehr ist als Konstruktion der Vernunft. Auch Poesie ist Teil der Freiheit.

Staat: Jeder Satz dieses Resümees stößt irgendwo an die Frage, welche Rolle der Staat in der Welt von morgen übernehmen soll. Wir brauchen weniger Staat. Auch das ist jedoch mehr Richtungsangabe als bestimmte Beschreibung des Nötigen. Sosehr man nach weniger Staat verlangt, es wird schon noch genug Staat übrigbleiben; darum kann es nicht schaden, den Staat etwas deutlicher in seine Schranken zu weisen, als man das am Ende beabsichtigt. Dahinter bleibt indes die offenbare Einsicht, daß wir den Staat brauchen, und zwar einen demokratischen Staat.

Robert Nozick hat (in seinem Buch »Anarchie, Staat und Utopie«) recht mit der Ausgangsthese, daß für den Staat, nicht für sein Fehlen Gründe gegeben sein müssen. Der Staat ist gleichsam eine subsidiäre Instanz, die dort eintritt, wo der Einzelne oder wo spontane Gruppierungen (wenn es solche gibt) nicht mehr ausreichen. Aber wenn Nozick dann beginnt, seine Gründe zu nennen, greift er doch sehr kurz. Gewiß verlangen Recht und Ordnung auch ein staatliches Gewaltmonopol. Aber dieses ist, selbst wenn es in rechtsstaatliche Regeln eingebunden wird, doch nur der Anfang der nötigen staatlichen Tätigkeit. Zumindest für den, der eine Gesellschaft freier Menschen will, das heißt auch eine, in der jeder Bürger einen Anteil an den Chancen seiner Welt hat, ist der Staat als Umverteilungsinstanz von Bedeutung. Bürgerrechte sind eben keine Selbstverständlichkeit. Darüber hinaus verlangen zumindest Optionen vielfach staatliche Tätigkeit, zum Beispiel die Sicherung des Geldwertes oder die Anregung des Wachstums. Radikale Liberale werden sich also immer wieder (mit Nozick) fragen: »Warum sollten wir nicht in einer Anarchie leben?« Sie werden freilich im Unterschied zu Nozick nicht mit dem »minimalen Staat« antworten. Der optimale Staat wäre schon ein großer Fortschritt gemessen am maximalen Staat, den uns das sozialdemokratische Jahrhundert beschert hat.

In dieser Argumentation wie in der gesamten liberalen Programmatik für die Zukunft, die in dieser Schrift entwickelt werden soll, steckt indes noch etwas anderes, was den Staat betrifft. Zwischen Liberalen und Staat besteht immer ein Spannungsverhältnis. Schon darum sollten Liberale tunlichst nicht Innenminister sein. Liberale stehen häufig, jedenfalls aber gerne, auf der Seite derer, die auch ohne den Staat ihren Weg finden. Nicht selten finden sie sich in der Gesellschaft derer, die gegen den Staat Spielräume zu erkämpfen suchen. Ein Stück Widerspruchsgeist gegen alle verfestigte Ordnung unterscheidet den Liberalen vom Konservativen ebenso wie vom Sozialisten. Das heißt nicht, daß Liberale mit der Staatsmacht nichts anzufangen wissen. Es heißt aber, daß sie diese am liebsten dazu benutzen, die Spielregeln zu sichern, die es Menschen erlauben, ihre eigenen Wege zu gehen. Auch ein materialer Liberalismus ist letzten Endes ein Liberalismus der Eigeninitiative und nicht des staatlichen Handelns. In der verstaatlichten Gesellschaft Deutschlands liegt möglicherweise gerade hier der wichtigste Stachel eines radikalen Liberalismus.

Die ausgefranste Nation

*Der Weg der Liberalen in der Außen-
politik liegt zwischen dem anarchischen
und dem technokratischen Irrtum.*

Es gibt keine liberale Außenpolitik, aber Liberalismus muß
sich auch in der internationalen Politik beweisen. Der
scheinbare Widerspruch läßt sich leicht erklären. Die Einheiten der internationalen Politik sind immer umfassender
als liberale Parteien. Das gilt selbst noch, wo diese die Mehrheit haben. Deutsche Außenpolitik ist der Absicht nach
Außenpolitik aller Deutschen, für alle Deutschen. Auch
Außenpolitik verlangt Wandel, zuweilen drastischen Wandel; aber dieser muß in ganz anderer Weise auf breite Unterstützung zielen als in der Innenpolitik. Darum war Herbert
Wehners Versöhnungsrede zur Westpolitik im Jahre 1960 so
wichtig; darum war die Anerkennung der Ostverträge als
Grundlage der Außenpolitik durch die CDU/CSU in den
späten siebziger Jahren so wichtig. Darum ist es auch in
aller Regel so wichtig, in der Außenpolitik Kontinuität zu
empfehlen. Eben darum gibt es weder eine liberale noch eine
konservative oder eine sozialistische Außenpolitik.

Aber auch in der Außenpolitik ist Kontinuität kein Alibi
für fehlende Ideen. Auch hier ist es nötig, radikal zu denken,
in mancher Hinsicht ganz von vorne zu beginnen. Dabei
stellt sich alsbald heraus, daß es für die deutsche Außenpolitik vier große Dilemmas gibt, deren jedes eine Heraus-
forderung für den Liberalen ist:

– das Dilemma von Dezentralisierung und Zentralisierung;
– das Dilemma von innerer Schwäche und internationalen Erfordernissen;
– das Dilemma von Menschenrechten und außenpolitischen Interessen
– und das große nukleare Dilemma.

Wenn wir die Herausforderungen aufnehmen, ergeben sich Antworten, die Teil eines Programms des Liberalismus der Zukunft sind.

Im Resümee der liberalen Antworten auf das sozialdemokratische Jahrhundert haben wir ein Thema ausgelassen: den Internationalismus. Hier liegt nämlich das erste große Dilemma der Außenpolitik für den Liberalen und nicht nur für ihn. Soviel Dezentralisierung wie möglich, soviel Zentralisierung wie nötig – das ist liberales Grundprinzip. Aber leicht lassen sich beide Elemente dieses Prinzips mit gleicher Intensität nicht durchhalten. In einer Zeit, in der Liberale nicht die einzigen sind, die den Satz *small is beautiful* entdeckt haben, daß also vieles für kleinere soziale Einheiten spricht, geraten die Erfordernisse der weiteren, umfassenderen Einheiten leicht in den Hintergrund. Es ist ja auch beinahe unmöglich, mit gleicher Begeisterung Kommunalpolitiker und Europäer zu sein, selbst wenn manche französischen Bürgermeister im Europaparlament sitzen. Es ist fast nicht vereinbar, einerseits der Stabilisierung des internationalen Währungssystems das Wort zu reden und andererseits sozialen Selbsthilfegruppen, »kleinen sozialen Netzen«, starke Aufmerksamkeit zu schenken. Und doch muß der Liberalismus als politische Theorie eben dies leisten.

Eine der fundamentalen Schwächen der Grünen und Alternativen liegt darin, daß sie in ihrem Hang zum Kleinen und Dezentralen, von dem sie besessen sind, ihr internationales Denken auf ein paar ökologische und nukleare Emotionen beschränken. Das reicht aber nicht. Es bedeutet, daß man sich herausdefiniert aus Zusammenhängen, die noch für ökologische und nukleare Fragen unentbehrlich sind. Wenn die Vorliebe für Dezentralisierung zu einer Art Syndikalismus wird, dann ist der Preis an Wohlfahrt hoch. Entweder bedeutet das nämlich die Zerstörung des internationalen Systems und damit wichtiger Voraussetzungen von Sicherheit und Wohlstand, oder aber es bedeutet, daß das internationale System Technokraten überlassen bleibt und man sich der Möglichkeit begibt, an der Gestaltung des eigenen Schicksals mitzuwirken. In beiden Fällen folgt ein Verlust an Lebenschancen.

Auf der anderen Seite hat der sozialdemokratische Internationalismus gelegentlich zu eben jenem Technokratentum geführt, das die grünen Protestanten so abschreckt. Jongleure in Sachen Weltpolitik haben ihre unnachahmlichen Spiele einem zuerst staunenden, dann verbittert sich abwendenden Publikum vorgeführt. Am Ende blieben sie unter sich. Außenpolitik wurde auch dort zur Sache der Experten, wo sie Menschen unmittelbar betrifft. Die nukleare Diskussion, vielmehr der nukleare Dialog der Gehörlosen, liefert nur das explosivste Beispiel. Auch die Währungs- und Handelspolitik, ja sogar die Europapolitik scheint nur wenige zu interessieren. Erst wenn Explosionen stattfinden, hört das allgemeine Gähnen ob dieser Politiken auf; dann ist es aber auch zu spät.

Zwischen dem anarchischen und dem technokratischen Irrtum liegt der Weg der Liberalen. Sie können sich weder von der Außenpolitik abwenden noch sie als losgelöstes Spiel betreiben. Was ist also zu tun? Und wie ist es zu tun?

Deutsche Außenpolitik beginnt mit Deutschland; sie ist

Politik von und für Deutschland. Nicht daß die Nation der Inbegriff dessen wäre, was mit »soviel Zentralisierung wie nötig« gemeint ist. Sie ist noch nicht einmal der einzige Akteur auf der internationalen Bühne. Multinationale Gesellschaften und internationale Organisationen sind heute kaum minder wichtig und mächtig. Und doch hat die Nation eine eigentümliche Zähigkeit bewiesen – als Akteur, als Objekt, als Quelle der Identität, als Glied weiterer, eben »inter-nationaler« Allianzen. Der Weltbürgerstaat ist ein Traum geblieben; und selbst das Europa der Regionen kann einstweilen das Europa der Nationen nicht ersetzen.

Nation ist für Deutschland zugleich schon das erste große Problem der Außenpolitik, ja seiner Politik schlechthin. Deutschlands nationale Sorgen sind nicht auf verlorene *gloire* oder das entschwundene *Empire* beschränkt; sie lassen sich daher auch nicht durch eine *force de frappe* oder einen kleinen Falkland-Krieg besänftigen. Die immer schon ausgefranste deutsche Nation ist vielmehr heute zum gänzlich ungewissen Begriff geworden. Allenfalls weiß man noch, daß es zwei Staaten gibt, die eine Periode gemeinsamer Geschichte verbindet. Die Gemeinsamkeit mündet allerdings in nicht allzu entfernter Vergangenheit in noch viel weitere Staatengruppen. Die Kulturnation Deutschland, vor allem aber das Heilige Römische Reich Deutscher Nation, haben Spuren in nahezu allen europäischen Ländern hinterlassen. Deutschlands nationale Identitätskrise ist also ein Grundtatbestand deutscher Politik.

So erklärt sich auch der eigentümliche Ausdruck »Deutschlandpolitik«. Vielleicht gibt es eine »Koreapolitik«; aber viele Länder dürfte es nicht geben, in denen ein solcher Ausdruck Sinn hat. In Deutschland hat er Sinn. Voraussetzung deutscher Außenpolitik ist eine Haltung, die der

Geschichte der Deutschen gerecht wird. Das bedeutet mindestens dreierlei:

— Erstens müssen wir uns damit abfinden, daß die Bundesrepublik Deutschland ein unvollständiger Akteur auf der Weltbühne ist. Sie ist Staat und Volkswirtschaft und Gesellschaft und Heimat und manches mehr; Nation ist sie jedoch nicht.

— Zweitens führt eine Blickrichtung deutscher Politik immer nach Osten, zu jenem anderen Deutschland, das es trotz hartnäckiger Versuche nicht geschafft hat, das Wort aus seiner Umgangssprache zu verbannen, weil es sich eben Deutsche Demokratische Republik nennt.

— Drittens, substantieller, gibt es ein nationales deutsches Interesse an der Schaffung von Bedingungen, die die beiden deutschen Staaten näher zusammenführen. Man mag sich über die Vokabel »Wiedervereinigung« ebenso streiten wie darüber, ob Westpolitik oder Ostpolitik auf diesem Wege hilfreicher sind; aber ein Zustand der Nähe, ein Prozeß der Verflechtung, ein Umfeld der Gemeinsamkeit ist für die beiden Deutschland auch dann gemeinsames Interesse, wenn nur eines der beiden das ausdrücklich anerkennt.

Das Interesse steht im manifesten Gegensatz zu einem zweiten Grundsachverhalt deutscher Außenpolitik, nämlich der Verteidigung der Freiheit. Das zweite Deutschland kennt Freiheit ebensowenig wie die übrigen Länder Osteuropas. Weder die fundamentalen Bürgerrechte einer freien Gesellschaft noch deren Optionen, vom Rechtsstaat bis zum Wahlrecht, von der Mobilität bis zu Konsumchancen, sind dort gegeben. Schlimmer noch, die Freiheit, die wir meinen, übt selbst in Zeiten wirtschaftlicher Krisen noch eine unbändige Anziehungskraft auf die Menschen im Ostblock aus, während zugleich die Regierungen dort gegenüber der freien

Welt eine bewußt aggressive Haltung einnehmen. Es gibt viele Meinungsverschiedenheiten in der Analyse des Ost-West-Verhältnisses; aber zwei Feststellungen dürften doch auf breiten Konsensus stoßen: Unsere Freiheit bedroht (sozial) die Regimes der RGW-Länder; die Regimes der RGW-Länder bedrohen (militärisch) unsere Freiheit. Das heißt, daß die Verteidigung der Freiheit gegen die militärische Bedrohung, insbesondere der Sowjetunion, ein notwendiges Interesse deutscher Außenpolitik ist.

Der Widerspruch zwischen den beiden Interessen der Deutschlandpolitik und der Verteidigung der Freiheit läßt sich nur dann auflösen, wenn wir Frieden nicht als bloß passiven Zustand der Abwesenheit von Krieg verstehen, sondern als Aufgabe der Schaffung eines Netzes der Kooperation. Wenn der erste Sinn der Ostpolitik in der »Normalisierung« lag, also im Wegräumen bedrohlicher Ansprüche ohne realen Gehalt, so war das doch nur Voraussetzung für jene Entwicklungen, die mit deutsch-deutschen Beziehungen begonnen und mit der Schlußakte von Helsinki einstweilen geendet haben. Das alles war nicht nur erfolgreich. Daß die Mitglieder der Helsinki-Gruppen in der Sowjetunion nahezu ausnahmslos eingesperrt oder in die Emigration getrieben worden sind, zeugt von der Schwäche des Netzes der Kooperation. Aber aktive Friedenspolitik bleibt eine Aufgabe. Sie bedeutet, daß ohne jeden Abstrich von der eigenen Freiheit alle Wege beschritten werden, die zu engerer Kooperation mit den RGW-Ländern führen. Es gibt jedenfalls ein deutsches, wahrscheinlich ein weit darüber hinausreichendes Interesse an solcher Kooperation. Friede durch Kooperation ist mindestens eine Ergänzung des Friedens durch Abschreckung. Man möchte die zugegebenermaßen verwegene Hoffnung nicht aufgeben, daß eines Tages die Kooperation an die Stelle der Abschreckung tritt.

Man kann arm und frei sein und auch reich und unfrei. Die OECD-Länder, zu denen die Bundesrepublik Deutschland gehört, haben das Glück und die Verpflichtung, zugleich reich und frei zu sein. Diesen Zustand zu erhalten, ja zu entfalten, ist ein evidentes Interesse der reichen Länder. Auch die Bundesrepublik wird daher alles tun müssen, um die Bedingungen des Wohlstandes zu kräftigen. Sie wird darüber hinaus die Verantwortung des Wohlstandes nicht außer acht lassen, die darin liegt, einen Beitrag dazu zu leisten, daß die Türen des Clubs der Reichen weit offen bleiben. Wohlstand verpflichtet, auch in dem Sinne, daß er wenn nicht Interessen, so doch Aufgaben im Hinblick auf diejenigen definiert, die noch nicht in seinen Genuß gekommen sind, ja deren Armut zumindest moralische Ansprüche begründet.

Das alles sind vertraute Gedanken. Sie scheinen wenig auszusagen über die Chancen der Krise oder die Zukunft des Liberalismus. Hat man nicht allzuoft schon die Worte Frieden und Einheit, Freiheit und Wohlstand gehört? Indes dient die Erinnerung hier einem anderen Zweck, der mit dem liberalen Dilemma von Zentralisierung und Dezentralisierung zu tun hat. Daß dezentrale Einheiten, Gemeinden, Sprengel, Jugendgruppen und dergleichen die großen Weltfragen nicht lösen können, liegt auf der Hand. Aber es ist nötig, deutlich zu sagen, daß auch Nationen es nicht können. Die Nation mag eine zähe Kreatur der Geschichte sein, sogar die ausgefranste der Deutschen; aber als Akteur der Weltpolitik ist sie schwach geworden. Wer heute von nationaler Souveränität spricht, hat nicht verstanden, was tatsächlich geschehen ist. Keines der angedeuteten Interessen läßt sich durch ein national souveränes Deutschland bewältigen, noch nicht einmal die Herstellung des national souveränen Deutschland selbst.

Vielmehr ist der erste methodische Grundsatz der Außenpolitik heute der, daß in weiten Bereichen Souveränität
gemeinsam mit anderen ausgeübt werden muß. Wir können
nur dann Frieden und Freiheit erhalten, den Wohlstand entwickeln, wenn wir bereit sind, unser Stück Souveränität einzubringen in größere Gemeinschaften. Noch die Schaffung
von Bedingungen, unter denen die beiden deutschen Staaten
einander näher kommen, verlangt mehr als westdeutsch-
nationales Handeln. Auch dies wird sich nur bewerkstelli-
gen lassen, wenn wir unsere Souveränität gemeinsam mit
anderen ausüben. Die gemeinsame Ausübung von Souveränität ist die Antwort auf das Dilemma, das sich aus dem
Wunsch nach kleineren Einheiten und der Notwendigkeit
von Entscheidungen in umfassenderen Einheiten ergibt.

Die Formel von der gemeinsamen Ausübung von Souveränität sagt noch nichts darüber, mit wem solche Gemeinsamkeit gepflegt werden soll. Europäische Gemeinschaft?
Organisation für Wirtschaftliche Zusammenarbeit und Entwicklung? Nordatlantische Verteidigungsorganisation? Ver-
einte Nationen? Hier ist ein analytischer Blick auf die Weltordnung der Nachkriegsgeschichte nötig, der uns zugleich
zeigt, wie schwierig es geworden ist, Souveränität gemeinsam im Interesse aller Beteiligten auszuüben.

Eine neue Weltordnung

*Es darf nicht geschehen, daß
eine Übermacht allen anderen
diktiert, was sie zu tun haben.*

Die Weltordnung der Nachkriegszeit ist in den Stürmen der siebziger Jahre ins Wanken geraten und fordert neue Initiativen. Nie zuvor war die Welt Immanuel Kants Gebot so nahe wie 1945, »aus dem gesetzlosen Zustande der Wilden hinaus zu gehen und in einen Völkerbund zu treten; wo jeder, auch der kleinste Staat seine Sicherheit und Rechte nicht von eigener Macht oder eigener rechtlicher Beurteilung, sondern allein von diesem großen Völkerbunde, von einer vereinigten Macht und von der Entscheidung nach Gesetzen des vereinigten Willens erwarten könnte«. Dabei war Kant bekanntlich kein Illusionist. Er suchte »einen weltbürgerlichen Zustand der öffentlichen Staatssicherheit einzuführen, der nicht ohne alle Gefahr sei, damit die Kräfte der Menschen nicht einschlafen, aber doch auch nicht ohne ein Prinzip der Gleichheit ihrer wechselseitigen Wirkung und Gegenwirkung, damit sie einander nicht zerstören«.

Die amerikanischen Kommissionen, die das Thema 160 Jahre später studierten, konstruierten ein fast perfektes Weltsystem. 1945 wurden die Vereinten Nationen mit ihren zunächst »vier Polizisten«, den ständigen Mitgliedern des Sicherheitsrates, gegründet. Ein Jahr zuvor, im Juli 1944, hatten 44 Nationen im Abkommen von Bretton Woods die Errichtung des Internationalen Währungsfonds und der

Weltbank vereinbart. Der US-Dollar wurde Garantiewährung. 1948 scheiterte in Havanna zwar der Plan einer Internationalen Handelsorganisation; aber zumindest das Allgemeine Zoll- und Handelsabkommen kam doch zustande. Verglichen mit der Zeit nach dem Ersten Weltkrieg war eine klare, haltbar scheinende Ordnung geschaffen.

Bald jedoch erwies sich der Frieden als provisorisch. Frankreichs Eintritt in den Sicherheitsrat ließ sich verkraften. Die chinesische Revolution schaffte schon größere Probleme. Vor allem aber stellte sich bald heraus (wie der damalige US-Botschafter George Kennan in seinem berühmten »langen Telegramm« aus Moskau berichtete), daß die Sowjets nicht die geringste Absicht hatten, die neue Weltordnung als solche zu akzeptieren: »Russen werden sich offiziell an internationalen Organisationen dort beteiligen, wo sie eine Chance zur Ausweitung sowjetischer Macht oder zur Behinderung oder Auflösung der Macht anderer sehen. Moskau sieht in der UNO nicht den Mechanismus für eine stabile und dauerhafte Weltgesellschaft, die auf den gemeinsamen Interessen und Zielen aller Nationen beruht, sondern eine Arena zur erfolgreichen Verfolgung der genannten Ziele.« Die Gründung der NATO wurde 1949 noch als mit der UN-Charta verträglich bezeichnet; doch zeigte die Schaffung des Warschauer Paktes, daß das Klima sich geändert hatte. Der OECD stand der RGW gegenüber. Dem IMF und dem GATT war die Sowjetunion ohnehin nicht beigetreten. Der Kalte Krieg veränderte die ursprüngliche Konzeption der Weltordnung fundamental.

Dennoch erwies sich diese Ordnung als erstaunlich stabil. Im politisch-militärischen Bereich wurde sie mehr und mehr zu einer Ordnung durch Gleichgewicht, später durch Abschreckung. Im wirtschaftlichen Bereich wurde sie zur *pax Americana* und durch die amerikanische Garantie der Internationalen Wirtschaftsorganisationen zur Quelle von Wachstum und Stabilität in aller Welt. Das ist gewiß vereinfacht formuliert. Die Rolle der Blockfreien, die Entkolonialisierung, die Organisation der Entwicklungsländer in der Gruppe der 77 und andere Entwicklungen mehr komplizierten das Bild. Dennoch hielt bis Anfang der siebziger Jahre die Weltordnung mit ihren zwei Grundelementen des politisch-militärischen Gleichgewichts und der wirtschaftlichen Stabilitätsgarantie der Vereinigten Staaten.

Dann kam das Jahrzehnt des großen Klimawechsels, das auch die internationale Szene von Grund auf verändert hat. Im politisch-militärischen Bereich geschah zweierlei: Zunächst schien es, als ob auf die Zeit der Abschreckung, also der äußersten Spannung, eine Zeit der Zusammenarbeit, also der Entspannung folgen würde. Die Schlußakte von Helsinki markierte im Jahre 1975 mit dem Höhepunkt allerdings auch schon das Ende dieses Prozesses. Sei es, daß die Sowjetunion die Explosivität der Abmachungen des Ersten wie des Dritten Korbes von Helsinki für ihr politisches System und ihren Hegemonialanspruch erkannte; sei es, daß in Ost und West die neue Grundstimmung der Angst zu aggressiveren Reaktionen führte – jedenfalls folgte auf Helsinki die Erinnerung an die Notwendigkeit der Abschreckung, des militärischen Gleichgewichts und zugleich ein Prozeß des sich gegenseitig Hochschaukelns bis zur wechselseitig gesicherten Vernichtung durch die Fähigkeit des *overkill*. Der Kalte Krieg und die Entspannung wurden durch einen Wettlauf der Angst abgelöst.

Zugleich wurden mehr und mehr Zeichen dafür sichtbar, daß die zerstörende Kraft beider Supermächte nicht alle Prozesse bestimmen kann. Vielleicht macht gerade ihre Über-

macht die Supermächte in vielem ohnmächtig. Vor allem die
Sowjetunion fand ihre Hegemonie zunehmend bedroht.
Afrikanische und asiatische Staaten wandten sich von ihr
ab; die europäischen Bündnispartner zeigten mehr oder
minder starke Unabhängigkeitsbestrebungen; Afghanistan
wurde zum Fiasko sowohl in seiner weltpolitischen Wirkung als auch in der tatsächlichen Vorherrschaft. China fuhr
fort, seine eigenen Wege zu gehen. In den OPEC-Ländern,
später in anderen Schwellenländern wuchs das Selbstbewußtsein. Selbst in Europa begann sich die französische
Meinung durchzusetzen, daß die freien Länder des alten
Kontinents sich zwar nicht gegen die Vereinigten Staaten,
aber doch neben ihnen definieren müssen. Heute stimmt
weder das alte Bild der einfachen Polarität noch das Kissin-
ger-Modell der fünf Weltmächte mehr. Wenn man den
lebensgefährlichen Prozeß der Ausbreitung nuklearer Waffen einbezieht, kann man nur von einer großen Weltunordnung sprechen, einer fast Hobbes'schen Situation, in der
jeder jedes anderen Wolf ist.

Beggar thy neighbour, bereichere dich auf Kosten deines
Nachbarn – das ist die alte handelspolitische Übersetzung
des Hobbes'schen Prinzips. Seit Anfang der siebziger Jahre
beschreibt dies in der Tat die Lage der Weltwirtschafts-
ordnung. Das Schlüsseldatum dieses Prozesses ist der 15.
August 1971. An diesem Tage führten die Vereinigten Staaten eine Sondersteuer auf Importe ein, vor allem aber been-
deten sie die Konvertibilität des Dollars in Gold. »Wir
haben«, sagte US-Finanzminister Connally, »dasselbe Recht
wie jeder andere Staat, unsere eigenen Interessen voranzu-
stellen.« Das war das Ende der *pax Americana.* Da gab es
natürlich eine Vorgeschichte. Die *Nixon shocks* (wie die
Japaner sie nannten) kamen nicht aus heiterem Himmel. Die

Amerikaner hatten ihre Garantieverpflichtung für das Weltwährungssystem schon lange mit einer negativen Zahlungs-
bilanz erkauft. Auch gab es eine Folgegeschichte. Immer
neue Versuche wurden unternommen, um das Währungssystem wieder zusammenzuschustern und das Handelssys-
stem offenzuhalten. Aber das alles änderte nichts daran, daß
eine Epoche zu Ende gegangen war. Seit den siebziger Jahren
gibt es die Weltordnung der Nachkriegszeit nicht mehr.

Von einer neuen Weltordnung wird zwar gerne gesprochen, aber ihre Zeichen sind noch kaum erkennbar. Gewiß
wissen alle heute, daß regelloses Floating der Währungen zu
Spekulationen Anlaß gibt und jedenfalls den Traum von
angemessenen Kursen nicht einlöst. Aber noch niemand hat
den Zirkel zu quadrieren vermocht, der darin liegt, daß man
stabile weltweite Regeln ohne eine Garantiewährung sucht.
Gewiß existieren Ansätze und Spuren. Es gibt Sonderzie-
hungsrechte, Währungskörbe und regionale Versuche wie
das Europäische Währungssystem. Es gibt zudem Zehner-
gruppen, Zwanzigergruppen, Kronberger Kreise und zahl-
reiche mehr oder minder intelligente Papiere. Aber das alles
sind ebenso viele Verlegenheiten. Um keinen Zweifel daran
zu lassen: gewiß haben Experten hier eine Aufgabe; aber
was sie tun, betrifft alle Menschen in der Welt. Währungsstabilität ist die erste Forderung einer erfolgversprechenden
Entwicklungspolitik. Sie ist auch ein Grundpfeiler wirtschaftlicher Stabilität in den OECD-Ländern.

Der Währungsunordnung entspricht die Handelspolitik,
die sich eher noch schlimmer entwickelt hat. Natürlich gibt
es einen Zusammenhang zwischen den inneren Entwicklungen, von denen wir in früheren Abschnitten gesprochen
haben, und den internationalen Rahmenbedingungen. Es
gibt sogar einen doppelten Zusammenhang. Bei verläßlichen

internationalen Rahmenbedingungen ist Wirtschaftswachstum wahrscheinlicher; verlieren die internationalen Rahmenbedingungen ihre Verläßlichkeit, dann wird auch das Wachstum erschwert. Aber bedenklicher noch ist der andere Zusammenhang: Wird das Wachstum erschwert, kommen Inflation und Arbeitslosigkeit hinzu, breitet sich eben jene Angst aus, die diese Zeiten so schlecht für Liberale und auch für den freien Welthandel machen. Der Schutz, den die Landwirte schon so lange genossen haben, wird dann auch von Textilindustriellen und Textilgewerkschaften, von der Stahlindustrie, ja am Ende von der Uhrenindustrie, der Automobilindustrie und anderen verlangt. Protektionismus ist eine fast unausweichliche Folge des veränderten sozialökonomischen Klimas.

Auch das klingt wie eine oft gehörte Phrase. Darum ist es wichtig zu zeigen, daß die Weltunordnung und die protektionistische Reaktion auf sie eine Quelle der Verarmung und Verunsicherung darstellen. Protektionismus in der Handelspolitik heißt, daß man sich den Winden der internationalen Konkurrenz entzieht. Das wiederum heißt, daß man auf die inneren Anpassungsprozesse verzichtet, die nötig wären. Infolgedessen werden Produkte unnötig teurer, ohne daß die Löhne steigen können. Alsbald werden Produkte knapp; man kann sie sich nicht mehr leisten. Es fehlen Rohstoffe zu ihrer Herstellung, aber auch Anreize zu ihrer Produktion und Mittel zu ihrem Konsum. Der protektionistische Zirkel ist ein *circulus vitiosus,* der bei den endlosen Schlangen vor osteuropäischen Geschäften, bei endlosen Wartezeiten auf ein Auto, wenn nicht bei Hunger und Elend endet. Hier, auch hier gilt, daß Freiheit kein Luxus ist, sondern eine Bedingung des Überlebens. Freiheit verlangt aber internationale Kooperation, also Regeln, an die sich alle halten.

Das gilt im politisch-militärischen Bereich nicht minder. Wenn die Vereinigten Staaten sich nach innen wenden, wenn sie das Connally-Prinzip auch auf ihre internationale Verantwortung anwenden, dann stehen wir Europäer auf einmal nackt da. Wenn wir umgekehrt uns nach innen wenden, ständig unseren eigenen Nabel beschauen, jede fremde Präsenz als lästig empfinden, dann steigert das den politischen Protektionismus der USA. Auch hier gibt es einen gefährlichen *circulus vitiosus*. Aus Angst wenden wir uns von anderen ab und blicken nach innen; aber indem wir das tun, geben wir der Angst erst ihren Grund und machen es möglich, daß unser Überleben selbst in Frage gestellt wird.

Die liberale Schlußfolgerung aus alldem ist so leicht in der Theorie, wie sie in der Praxis schwierig ist: Wir brauchen auch einen internationalen Gesellschaftsvertrag. Genau wie ein innenpolitischer Gesellschaftsvertrag die Bedingung der Möglichkeit von Recht und Ordnung ist, so ist ein internationaler Gesellschaftsvertrag die Bedingung der Möglichkeit von Wohlstand und Frieden. Aber nach innen wie nach außen ist es nicht die Hobbes'sche Lösung des Hobbes'schen Problems der Ordnung, die wir suchen: Es darf nicht geschehen, daß eine Übermacht allen anderen diktiert, was sie zu tun haben. Der liberale Gesellschaftsvertrag ist auch im internationalen Bereich vor allem ein Regelwerk, innerhalb dessen hundert Blumen blühen können.

Das internationale Recht hat ja nach wie vor einen eher zweifelhaften Status. Selbst wenn es an Universitäten gelehrt und an Gerichten praktiziert wird, bleibt der Verdacht, daß es in weit stärkerem Maße eine Magd der Macht ist als das Recht von Gesellschaften. Aber auch das innere Recht hat so begonnen. Die Entwicklung des internationalen Rechts und die Stärkung seiner Instanzen ist jedenfalls eine liberale Aufgabe.

Das Recht ist jedoch nur die Hülle einer Entwicklung, die in ihrem Inhalt viel weiter gehen muß. Wir brauchen nicht mehr und nicht weniger als eine neue Weltordnung. Diese wird allmählich wachsen müssen und sicherlich langsam wachsen. Aber sie muß mit sechs großen Themen fertigwerden:

1. Im Sicherheitsbereich ist eine entscheidende Verringerung des Risikos nötig. Das betrifft Abrüstungsverhandlungen auf allen Ebenen ebenso wie stärkere Kontrolle der Nichtverbreitung nuklearer Waffen und Mechanismen der Konfliktverhütung und Konfliktkontrolle.

2. Wirtschaftliches Vertrauen durch Währungsstabilität muß wiederhergestellt werden. Dabei bedeutet Stabilität vor allem die effektive Aufrechterhaltung gewisser Regeln, und das heißt auch: die Stärkung der dafür notwendigen Institutionen. Wie im Sicherheitsbereich verlangt das wahrscheinlich eine Garantiefunktion einiger weniger Mächte oder Mächtegruppen.

3. Die nichtstaatlichen Akteure der internationalen Szene leisten wichtige Beiträge zur Internationalen Ordnung. Das gilt vor allem für die transnationalen Unternehmen. Sie haben indes ihren Platz in der Weltordnung noch nicht gefunden. Das wird ihnen um so schwerer fallen, je ausgeprägter die verbreitete Wendung nach innen, die Renationalisierung ist. Darum ist ein internationaler Code für transnationale Unternehmen wichtig. Dieser muß nicht oktroyiert werden; es kann durchaus ein Code der Selbstkontrolle sein.

4. Im Bereich der Ressourcen ist die Notwendigkeit einer weltweit gemeinsamen Ausübung von Souveränität evident. Das Vertragswerk des internationalen Rechts zur Ausbeutung der Meeresschätze zeigt das besonders deutlich; doch

braucht man nur an Fragen der Entwicklungspolitik zu denken, um auch für andere Ressourcen die Notwendigkeit von Regeln zu erkennen. Das führt dann

5. zur Forderung nach Befriedigung menschlicher Grundbedürfnisse und

6. zum Verlangen nach der Anerkennung grundlegender Staatsbürgerrechte in allen Ländern der Welt.

Mythen der Entwicklungspolitik

Ein internationaler Gesellschafts-
vertrag muß einen gemeinsamen Grundstatus
für alle Menschen garantieren.

Die neue Weltordnung wird ganz sicher nicht nur eine Ost-West-Ordnung, geschweige denn eine West-West-Ordnung sein. Vielmehr ist jene Problematik, die heute gerne unter dem Namen Nord-Süd-Problematik beschrieben wird, ein Kernstück der neuen Weltordnung. Wer einen materialen Liberalismus will, der wird sich nicht mit der These zufriedengeben, daß gewisse formale Regeln zureichen, um allen die gleichen Chancen zu geben. Die Armut kommt natürlich nicht nur von der Poverteh, geschweige denn von der Trägheit und Verantwortungslosigkeit der Millionen in den Ländern der Gruppe der 77. Sie kommt auch von den Bemühungen der Erfolgreicheren, ihre Erfolge zu Privilegien zu machen, also sie anderen zu versperren. Die nachhaltige Wirkung des Imperialismus ist nicht die Ausbeutung der Kolonisierten; diese wird weit überschätzt. Sie liegt vielmehr darin, daß Entwicklungen mehr oder minder bewußt niedergehalten worden sind, so daß vorhandene Unterschiede größer und größer wurden.

Aber nicht in solchen Erklärungsversuchen liegt die Aufgabe der Entwicklungspolitik. Ohnehin sollte man sich in diesem Gelände vor Romantik hüten. Entwicklungspolitik muß ehrlich sein, wenn sie etwas bewirken möchte. Es ist daher am Platze, ihre Mythen beiseite zu räumen, bevor ihre Aufgaben bestimmt werden.

Der erste Mythos, der die Entwicklungsdiskussion verstellt, ist zugleich der am seltensten bestrittene; auch die Brandt-Kommission stellt ihn in ihrem Bericht nicht in Frage: Es ist der Mythos der Einen Welt. Kaum eine Festrede wird noch gehalten, ohne daß der Sprecher – sei er Politiker, Professor oder Prediger – auf die angebliche Tatsache verweist, daß die Welt ein interdependenter Ort geworden ist, an dem das, was an einer Ecke passiert, noch die entfernteste andere Ecke berührt, und zwar dank moderner Kommunikationsmittel eher früher als später. Daran ist gewiß etwas Richtiges, und doch ist es im Kern falsch. Was immer Fernsehgeräte und Transistorradios, ja multinationale Unternehmen und internationale Organisationen uns suggerieren mögen – wir leben nicht in der Einen Welt.

Im Jahre 1969 sagte der bedeutende Entwicklungsökonom und Nobelpreisträger Arthus Lewis: »Wenn Afrika, Asien und Lateinamerika morgen im Meer versinken würden, würde das den gegenwärtigen oder zukünftigen Wohlstand von Europa und Nordamerika kaum spürbar beeinträchtigen.« Es könnte allenfalls den OECD-Ländern sogar Hilfsgelder ersparen, die die Verluste der paar transnationalen Tabakunternehmen und Beratungsbüros wieder wettmachen. Arthus Lewis hält seine These heute noch aufrecht, wenn er auch die OPEC-Länder jetzt ausnehmen würde. Sein Satz gilt indes selbst umgekehrt. Wenn Europa, Nordamerika, Japan und Ozeanien sämtlich im Meer versinken würden, würde das den gegenwärtigen oder zukünftigen Wohlstand der Dritten Welt kaum spürbar beeinträchtigen. Es könnte der Dritten Welt sogar helfen, das bedrückende Beispiel des Erfolgs der Ersten Welt nicht ständig vor Augen zu haben.

Es gibt eine gewisse wirtschaftliche Interdependenz; es

gibt politische Bindungen; es gibt einen gewissen kulturellen Austausch – aber bislang ist nichts geschehen, das diese Beziehungen irreversibel machen oder ihnen auch nur zentrale Bedeutung für die Beteiligten verleihen würde. Die Tatsache mag für Hunderttausende tödlich sein, aber wir leben noch nicht in der Einen Welt.

Darum muß auch ein zweiter Mythos aus dem Weg geräumt werden, nämlich der Mythos der Neuen Internationalen Wirtschaftsordnung. Es mag wünschenswert sein, ein internationales Wirtschaftssystem zu erfinden, das den Armen jene Lebenschancen garantiert, für die die Menschen in den OECD-Ländern in den letzten zwei Jahrhunderten so hart gekämpft haben. Aber zum gegenwärtigen Zeitpunkt ist es eine Illusion anzunehmen, daß es ein wechselseitiges und unwiderlegbares Interesse an der Schaffung einer solchen Ordnung gäbe. Die meisten Rohstoffe werden entweder in entwickelten Ländern gewonnen, oder sie kommen von Kandidaten für den Club der Reichen; oder aber sie lassen sich substituieren.

Schwierigkeiten des Wirtschaftswachstums in der entwickelten Welt führen, wie wir gesehen haben, eher zu mehr Protektionismus als zu einem größeren Interesse an Zusammenarbeit. Und was die Entwicklungsländer betrifft, so wird ihre Fähigkeit, Druck auszuüben, noch für geraume Zeit sehr begrenzt sein. Sie haben keine wirklichen Bündnispartner in der entwickelten Welt, was immer ministerielle Redner in der Generalversammlung der Vereinten Nationen zu erklären für nützlich finden mögen. Die Jahrzehnte vor uns werden wahrscheinlich Jahrzehnte größerer Unterschiede zwischen Reichen und Armen und nicht Jahrzehnte der Zusammenarbeit sein.

Das hängt bis zu einem gewissen Grade mit dem dritten

auszuräumenden Mythos zusammen, dem der Solidarität innerhalb der Gruppe der 77. Letzten Endes wird das Verhalten von Nationen, wie das von sozialen Gruppen und Einzelnen, von Interessen und nicht von Idealen bestimmt. Ein riesiges, überdies nuklear bewaffnetes Land kann schlechterdings nicht Sprecher der Dritten Welt sein: China ist eher eine Supermacht als ein Mitglied der Gruppe der 77. Und wenn Länder erst einmal dem Tor zum Club der Reichen nahegekommen sind oder zumindest glauben, daß ihnen dies gelungen sei, dann mögen sie zwar ihr Gewissen durch weitere Zahlungen an ihre ehemaligen armen Brüder erleichtern, aber sie verhalten sich fortan wie die, die es geschafft haben und nicht wie die in Not. Brasilien, Nigeria und Singapur sind keine sehr plausiblen Anwälte für Bolivien, die Zentralafrikanische Republik und Bangla Desh.

Vielleicht werden die OPEC-Länder für eine gewisse Zeit eine Zwischenstellung einnehmen, gekennzeichnet durch das höchste Pro-Kopf-Einkommen der Welt und vormoderne Strukturen von Staat und Gesellschaft; dennoch sind sie höchst unwahrscheinliche Kämpfer für die Rechte der Armen. Der »internationale Klassenkampf« wird daher in den nächsten zwei Jahrzehnten nicht ausbrechen, denn es gibt weder die Eine Welt, die die Klassen untrennbar verbindet, noch ein evidentes Interesse, eine gemeinsame Lösung zu finden, noch auch nur die notwendige Solidarität auf seiten der Habenichtse dieser Welt.

Die Frage ist daher, wie die Zukunft der Habenichtse aussehen wird. Wiederum gilt es, Mythen auszuräumen. Der vierte Mythos, den wir aufgeben müssen, ist der, daß die armen Länder sich entwickeln und am Ende mit den Reichen gleichziehen werden, so daß die Ungerechtigkeiten der Welt allmählich verschwinden. Ökonomen glauben schon längst nicht mehr an dieses Märchen, aber es liegt noch immer der öffentlichen Meinung und dem politischen Handeln mehr oder weniger ausgeprägt zugrunde.

Jan Tinbergen hat in seinem wichtigen Bericht an den Club of Rome zu diesem Thema gezeigt, daß das Verhältnis zwischen dem Pro-Kopf-Einkommen in der entwickelten und der unterentwickelten Welt im Jahre 1970 ungefähr 13:1 betrug. Er hat alsdann argumentiert, daß – selbst wenn wir ziemlich optimistische Annahmen über Wirtschaftswachstum und die Nord-Süd-Beziehungen zugrunde legen – es sozusagen statistisch unmöglich ist, bis zum Jahre 2020 eine mehr als winzige Verbesserung dieses Verhältnisses auf etwa 13:1,2 zu erreichen.

Andere haben dasselbe anders formuliert; aber alle sind sich darin einig, daß der Unterschied zwischen den OECD-Ländern und der Gruppe der 77 sich nicht sehr verändern wird (es sei denn, eine Katastrophe wirft die entwickelte Welt in die Steinzeit zurück) und daß es selbst in absoluten Zahlen und Werten für die überwiegende Mehrheit der Menschen in der Dritten Welt keinerlei Möglichkeit in der absehbaren Zukunft gibt, den durchschnittlichen Lebensstandard eines mittelständischen Bürgers von Deutschland, Australien oder Japan zu erreichen. Kurzum, die Entwicklungsländer werden die reichen Länder nicht einholen.

Von Entwicklungshilfe war dabei noch nicht die Rede. Diese ist indessen oft mit einem fünften Mythos verbunden, den man den Durchfiltermythos nennen kann. Das ist die Vorstellung, nach der Entwicklungshilfe, selbst wenn sie nur einer schmalen Schicht von privilegierten Menschen in den Ländern der Dritten Welt zugute kommt, irgendwie nach unten durchfiltern wird – sei es, daß der neuerworbene Lebensstandard einiger weniger viele zur Nachahmung motiviert; sei es auch nur, daß er das Interesse der Neureichen weckt, für ihre Kinder die Bedingungen zu schaffen, die die Erhaltung ihrer Privilegien erlauben, oder was immer sonst an Gründen vorgebracht wird.

Raul Prebisch ist nicht der einzige angesehene Entwicklungspolitiker, der diese Vorstellung aufgegeben hat. In den entwickelten Ländern Europas und Nordamerikas ist Wohlstand eben nicht nach unten durchgefiltert; die Motivation zur Verbesserung der Lebenslage hat die Gesellschaften durchgehend geprägt. Auf der anderen Seite gibt es hinlänglich historische Beispiele für Gesellschaften, deren schmale Oberschichten gigantische Reichtümer angesammelt haben, während außerhalb der Mauern ihrer Paläste Bettler und Arme auf den Straßen verreckten. Eine Generation internationaler Beamter hat die Annahmen der Durchfiltertheorie naiv vertreten; manche tun es noch immer, aber die meisten wissen, daß die Theorie nicht stimmt.

Leider ist auch ein sechster Mythos falsch, nämlich der, daß es stabile Entwicklung geben könnte. Selbst wenn es für Entwicklungsländer nicht möglich ist, die Reichen einzuholen und selbst wenn sie sehr unterschiedlichen Rhythmen der Entwicklung folgen, sollte dies doch – so hoffen die humansten Verfechter der Entwicklungshilfe – ein stabiler Prozeß sein, der Gesellschaften nicht mehr als unumgänglich zerreißt. Es gibt jedoch dafür kaum, wenn überhaupt, Beispiele. Samuel Huntington schließt aus einer Analyse von 53 Ländern in aller Welt: »Es ist nicht das Fehlen der Modernität, sondern der Versuch, sie herbeizuführen, der Unordnung hervorruft ... Nicht nur bringt soziale und wirtschaftliche Modernisierung politische Instabilität hervor, sondern das Ausmaß der Instabilität hängt vom Tempo der Modernisierung ab.« Politische Instabilität ist nur der sichtbare Ausdruck tieferer Verwerfungen von alt und neu. Der Schluß ist unabweisbar, daß bisher zumindest kein Land der Dritten Welt einen Entwicklungspfad gefunden hat, der zugleich effektiv und stabil ist.

Diese Entmythologisierung der Entwicklungspolitik scheint einen Trümmerhaufen zu hinterlassen. In der Tat führt sie in die Versuchung eben jenes formalen und passiven Liberalismus, den wir hier zurückgewiesen haben. Man denkt an Peter Bauer, der Entwicklungspolitik geradezu als »liberale Todessehnsucht« bezeichnet: »Wenn der Garten Eden heruntergekommen ist, dann darum, weil seine Bewohner ihn vernachlässigt haben«, sagt er über die Armen der Welt und betrachtet die Hilfe der Reichen vornehmlich als Ausdruck eines »westlichen Schuldgefühls«. Immerhin gibt auch Bauer zu: »Schuldgefühl hat nichts zu tun mit Verantwortungsbewußtsein oder Mitempfinden.« Es gibt nämlich eine liberale Entwicklungspolitik, die sich nicht von Mythen bezirzen läßt und die dennoch sowohl material als auch aktiv ist. Sie hat vor allem drei Elemente.

Das erste Element ist einfach; sogar Peter Bauer dürfte ihm zustimmen: Die Tore des Clubs der Reichen müssen weit offen bleiben. Vielleicht wäre es vorsichtiger gewesen zu sagen, daß diese Politik einfach klingt. Tatsächlich bedeutet die neue Wendung nach innen auch, daß der Club sich abschließt. Schon spricht ein Staatsmann wie der ehemalige britische Premierminister Edward Heath davon, es sollte ein Ring um die Europäische Gemeinschaft gelegt werden, um sie nach außen zu schützen.

Daß die Aufnahmebedingungen in den Club hart sind, also etwa den Konditionen des Internationalen Währungsfonds entsprechen, ist zu ertragen. Daß aber Länder abgewiesen werden, ja daß man vor lauter Angst aufhört, ihnen auf ihrem erfolgreichen Weg in die OECD-Welt zu helfen, ist nicht nur unverantwortlich, sondern stellt auch eine Gefährdung der Freiheit dar. Das heißt auch, daß der große Schuldenschock dieser Jahre, den Länder wie Mexiko und Brasilien ausgelöst haben, die Banken nicht zur Abkehr von jeder Kredithilfe veranlassen darf. Wenn der Club der Reichen stagniert, geht es mit der Welt bergab.

Aber dieses Element der Politik läßt sich nur in einem engeren Sinne als Entwicklungspolitik bezeichnen. Schwieriger sind die Fragen, die die Länder stellen, in denen die meisten der 600 Millionen Menschen leben, von denen der frühere Weltbank-Präsident Robert McNamara gesagt hat, daß sie allenfalls am Rande der Existenz leben. Hier hat der Begriff elementarer Bürgerrechte seinen Platz. Er beschreibt das zweite Element liberaler Entwicklungspolitik. Es ist eine moralische Verpflichtung – betonen wir es noch einmal: eine *moralische* Verpflichtung – aller Menschen, alles in ihren Kräften stehende zu tun, damit jeder andere Mensch ein halbwegs anständiges Leben leben kann. Es gibt ein minimales Netz der Sicherheit, aus dem niemand fallen darf. Warum nicht? Nun, hier begeben wir uns in den Bereich letzter Annahmen, Ligaturen vielleicht. Es kommt nicht darauf an, ob die Pflicht christlich, überhaupt religiös, humanitär oder sonstwie begründet wird. Gesellschaft ist jedenfalls nicht denkbar ohne eine solche Verpflichtung. Und wenn es auch die Eine Welt (noch) nicht gibt, wenn also auch keine Sanktionen den treffen, der die Verpflichtung zurückweist, ist doch der Gedanke einer Gesellschaft aller Menschen so naheliegend, daß man ihn aufnehmen muß, selbst ohne noch einmal Kants »Idee zu einer allgemeinen Geschichte in weltbürgerlicher Absicht« zu zitieren.

Übrigens ist die Durchsetzung des Grundrechts auf anständiges Überleben so einfach nicht. Wenn Entwicklung keine wirksame Medizin ist und das Durchfiltern nicht funktioniert, bleibt nur der Begriff der menschlichen Grundbedürfnisse, den die Weltbank quantifiziert hat. 125 Milliarden Dollar (in den Preisen von 1974) wären nötig, um menschliche Grundbedürfnisse überall zu befriedigen. James Grant und Mahbud ul Haq würden diese Mittel am liebsten durch ein automatisches Transfersystem aufbringen; die Brandt-Kommission denkt an Formen der Besteuerung. Daß es dabei nicht nur um Mittel, sondern um verfestigte soziale Strukturen geht, vergessen derlei Empfehlungen leicht. Indien hat Jahre des Reisüberschusses und des gleichzeitigen Massensterbens erlebt; der Reis konnte zu den Verhungernden nicht kommen. Immerhin beschreibt die Kombination von finanziellen und sozialen Erfordernissen die Richtung, in die man gehen muß, wenn man menschliche Grundbedürfnisse befriedigen will. Dabei bedarf es kaum der Betonung, daß beide multilaterales Handeln verlangen. Nichts wäre verderblicher als eine nationale Konkurrenz auf diesem Gebiet.

Bleibt ein drittes Element einer aktiven und substantiellen liberalen Entwicklungspolitik, das wiederum mit dem Ausräumen eines Mythos zu tun hat. Das ist der Mythos der Universalität der Modernisierung. So seltsam es klingen mag: selbst Hegels engagierte Gegner haben im stillen oder ausdrücklich angenommen, daß es so etwas gibt wie einen Weltgeist, der durch die Zeit marschiert und seinen Willen den Willigen wie den Widerstrebenden aufzwingt. Noch heute gibt es nur wenige, die nicht bewußt oder unbewußt annehmen, daß die gleiche Modernisierung am Ende die gesamte Welt erfassen wird.

Vielleicht sollte man hier etwas sorgfältiger die Untertöne der Analysen zur Kenntnis nehmen, die einige der bedeutenden Geister der Entwicklungsländer selbst uns bieten – wie der indische Politologe Rajni Kothari (»Schritte in die Zukunft«) oder der indonesische Ökonom Soedjatmoko (»Entwicklung und Freiheit«). Wenn der letztere von »alternativen Zivilisationen« spricht (und bezeichnenderweise hinzufügt, daß es »noch vor knapp einem Jahrzehnt undenkbar gewesen wäre, die Wünschbarkeit alternativer Zivilisationen, von ihrer Möglichkeit ganz zu schweigen, zu postulieren«), dann gibt er damit einen Vorgeschmack von Ereignissen wie der islamischen Reaktion auf das Anrollen der Modernisierungswelle und reflektiert zugleich Entwicklungen wie die chinesische vor, während und nach der Kulturrevolution.

Das sind keine sehr erfreulichen Beispiele. Sie zeigen immerhin, für wie wenig selbstverständlich wir eine weltweite Industrialisierung und Modernisierung halten sollten; das gilt noch mehr von der Annahme, daß sie dem europäisch-nordamerikanischen Muster folgen müssen. Das läßt sich auch positiver fassen. Es ist wichtig, daß jeder Versuch, in die Entwicklungsprozesse anderer Länder einzugreifen, deren kulturelle Eigenart respektiert, ja fördert. Auch das ist ein Stück Antwort auf das Dilemma von Zentralisierung und Dezentralisierung. Der Liberale will eine Welt, in der Unterschiede gedeihen und Gemeinsamkeiten auf das beschränkt bleiben, was für ein anständiges Leben erforderlich ist.

Elementare Menschenrechte

Die Verteidigung der Menschenrechte ist ein unentbehrlicher Grundsatz des Handelns, der jedoch in der Außenpolitik auf Grenzen stößt.

In Deutschland wird gerne Max Webers mit Recht berühmte Rede über »Politik als Beruf« zitiert; zuweilen wird sie indes auch mißbraucht. Die Rede vom »langsamen Bohren harter Bretter« kann zum Alibi für Untätigkeit, für Erfolglosigkeit werden. Schlimmer noch ist das Mißverständnis der Unterscheidung von »Gesinnungsethik« und »Verantwortungsethik«. Hier und da macht Weber sich über diejenigen lustig, die in der Politik die absoluten Maßstäbe einer Gesinnungsethik ablegen wollen, und sagt ihnen nach, daß sie in der Praxis zu »Glaubenshelden«, ja zu »gewöhnlichen Pfründnern« werden. Er empfiehlt dem Politiker zugleich eine am real Möglichen orientierte Verantwortungsethik, die auch dadurch ihre Berechtigung nicht verliert, daß er sich »mit den diabolischen Mächten einläßt, die in jeder Gewaltsamkeit lauern«. Bevor das als Alibi für die Waffenlieferung an Diktatoren oder die Tolerierung des Schießbefehls interpretiert wird, ist es daher nötig, daran zu erinnern, daß Max Weber Gesinnungs- und Verantwortungsethik ausdrücklich »nicht absolute Gegensätze, sondern Ergänzungen« nennt, »die zusammen erst den echten Menschen ausmachen, den, der den ›Beruf zur Politik‹ haben kann«.

In der Regel stellt sich das schwierige Dilemma als eines von Menschenrechten und außenpolitischen Interessen. Die liberale Antwort darauf muß lauten, daß die Verletzung bestimmter elementarer Menschenrechte sich durch keinerlei Interesse, keinerlei Verantwortungsethik rechtfertigen läßt. Das ist ein großes Wort. Je länger man darüber nachdenkt, desto besser versteht man Max Webers Skepsis. Das Scheitern von in diesem Sinne verantwortungsethischen Politikern, von Jimmy Carter zum Beispiel, macht es nicht leichter, das Wort zu vertreten. Dennoch muß der Liberale es durchhalten.

Menschenrechte sind seit der amerikanischen Unabhängigkeitserklärung und der Französischen Revolution oft formuliert, ja kodifiziert worden. Die UN-Charta gilt angeblich für alle Länder, die Europäische Menschenrechtskonvention für alle Mitgliedstaaten des Europarates, die Grundrechte des Grundgesetzes für die Bundesrepublik Deutschland und übrigens die Schlußakte von Helsinki für viele Länder in Ost und West. Hier wird indes von einem ganz elementaren Begriff der Menschenrechte ausgegangen. Dieser Begriff läßt sich nach Inhalt, Form und Ausmaß bestimmen:

– Inhaltlich sind alle elementaren Menschenrechte Rechte der Integrität der Person, der »Würde des Menschen« (wie das Grundgesetz sagt). Das ist nicht nur passiv, als Schutz vor Willkür und Gewalt, als physische Sicherheit und seelische Unversehrtheit zu verstehen. Es gilt auch nicht nur für die Integrität der Person als das, was er oder sie ist, als Mann oder Frau, Weißer oder Schwarzer, Brahmane oder Paria, Katholik oder Jude. Es gilt vielmehr auch aktiv für die Möglichkeit, eigene Überzeugungen und Meinungen kundzutun, also für das, was gemeinhin unter dem Begriff Freiheit des Ausdrucks verstanden wird.

– Formal bedeuten die elementaren Menschenrechte den Anspruch auf das, was im amerikanischen Recht *due pro-*

cess genannt wird, also den Schutz vor Willkür, die Garantie von berechenbaren, ordnungsgemäßen Verfahren; im Normalfall wie im Fall der Übertretung bestimmter Regeln.

– Nach ihrem Ausmaß bedeuten elementare Menschenrechte, daß jeder, grundsätzlich ohne Ausnahme, Anspruch auf Inhalt und Form der Rechte hat. Schon die Ausnahme von Kindern oder von psychisch Gestörten ist nur praktisch, nicht aber in der Theorie zu rechtfertigen. Die grundsätzliche Gleichheit aller Menschen als Menschen ist unabweisbarer Teil der Menschenrechte.

Und diese Menschenrechte sind universal. An ihnen ist nichts »Westliches«, »Bürgerliches«, »Kapitalistisches«; sie sind auch nicht an bestimmte Kulturen in ihrer Geltung gebunden. Sie gelten schlechterdings allgemein. Auf Grund dieser elementaren Menschenrechte ist die südafrikanische Apartheid ebenso unerträglich wie die willkürlichen Inhaftierungen und der Mißbrauch der Psychiatrie in der Sowjetunion und wie die Praxis des Folterns in südamerikanischen Diktaturen. Es gibt keine mildernden Umstände für die Verletzung der Menschenrechte. Es gibt noch nicht einmal mildernde Umstände für den, der solche Verletzungen kennt, aber toleriert. Das heißt aber auch, daß die elementaren Menschenrechte keine Grenzen kennen. Ihre Verletzung in anderen Ländern anzuprangern, ist nicht unerlaubte »Intervention«, sondern notwendige Humanität.

Die hier gewählte Definition »elementarer Menschenrechte« bedeutet, daß bestimmte Dinge nicht in ihren Katalog gehören. Das ist wichtig; es kann die Definition ergänzen. Drei Gedankengänge sollen das illustrieren. Zunächst ist kennzeichnend für die elementaren Menschenrechte, daß sie keine sozialen Voraussetzungen haben. Sie sind auch insoweit universal, als sie unter allen sozialen Bedingungen realisiert werden können. Das heißt aber, daß zu ihnen jene Rechte nicht gehören, die in entwickelten Ländern glücklicherweise zum Grundbestand des Staatsbürgerstatus geworden sind, also beispielsweise das Recht auf Gemeinschaftshilfe in unverschuldeter Not oder das Recht auf eine angemessene Versorgung bei Krankheit oder das Recht auf Bildung. Auch das allgemeine, gleiche und geheime Wahlrecht, das noch auf einer früheren Stufe der Entwicklung staatsbürgerlicher Gleichheitsrechte steht, gehört nicht zu den elementaren Menschenrechten; es verlangt Voraussetzungen, die nicht grundsätzlich überall gegeben sein können. Das gilt freilich nicht für das Recht auf freien Ausdruck eigener Meinungen. Dieses Recht wird zwar durch die Existenz von Zeitungen, Rundfunkanstalten und dergleichen erheblich erweitert, existiert aber grundsätzlich auch im indischen Dorf. Die Grenze zwischen elementaren und wünschenswerten Menschenrechten ist damit gezogen.

Eine zweite Überlegung ist verwandt, aber auf andere Art wichtig. Sie betrifft eines der verbreitetsten Mißverständnisse und Diskussionen über die Menschenrechte: Es besteht ein qualitativer Unterschied zwischen der Verletzung elementarer Menschenrechte und der Armut; es ist daher unerlaubt, die beiden gegeneinander aufzurechnen. Armut ist keine Verletzung von Menschenrechten. Das klingt unerträglich; es ist dennoch eine notwendige Korrektur der babylonischen Sprachverwirrung, die vor allem durch die Vereinten Nationen angerichtet wurde. Armut ist unentschuldbar, unmenschlich; sie ist eine Anklage derer, die nicht alles getan haben, sie zu vermeiden oder zu mildern; vor allem jene äußerste Armut, die Menschen am Rande der Existenz dahinvegetieren läßt, stellt Aufgaben für die gesamte Weltgesellschaft.

Es besteht trotzdem ein entscheidender Unterschied zwischen dem, der am Rande des Hungertodes seine Tage fristet, und den gewaltsam sterilisierten Männern in indischen Dörfern während der sogenannten *emergency,* und zwar ein fundamentaler Unterschied. Das erste, der Hunger, ist ein Grund für eine Politik, die darauf abzielt, die Befriedigung menschlicher Grundbedürfnisse überall zu garantieren; das letztere, die gewaltsame Sterilisierung, ist ein Grund für einen internationalen Aufschrei, weil sie elementare Menschenrechte verletzt. Es stellt den indischen Wählern ein bewundernswertes Zeugnis zivilisierten Handelns aus, daß sie trotz aller Armut bei den Wahlen von 1977 den Menschenrechten den Vorrang gegeben haben.

Das ist kein Sophismus. Es bedeutet nämlich vor allem, daß die Verletzung von Menschenrechten sich überhaupt gegen nichts aufrechnen läßt. »Gewiß, wir haben ein paar tausend Zwangsarbeiter, aber bei euch verhungern die Neger auf der Straße«: das ist auch dann eine illegitime Aufrechnung, wenn man beide Erscheinungen unerträglich findet. Elementare Menschenrechte sind für sich genommen ein universaler Wert einer humanen Welt.

Menschenrechte und Rechtsstaat in dem engen, hier beschriebenen Sinn sind aber auch nicht gleichbedeutend mit Demokratie. Das ist der dritte erwähnenswerte Punkt. Dem aufmerksamen Leser wird nicht entgangen sein, daß hier sehr vorsichtig formuliert worden ist. Freiheit des Ausdrucks, Integrität der Person überhaupt, muß nicht Mehrparteienstaat, Parlament, Wahlen und dergleichen heißen. Es spricht viel für demokratische Institutionen. Sie sind am Ende die einzigen, die Wandel ohne Revolution garantieren. Es ist zu hoffen, daß mehr und mehr Länder den Weg von der Garantie der Menschenrechte zu demokratischen Insti-

tutionen finden. Aber es wäre ganz falsch, diese Institutionen allen aufdrängen zu wollen, ja sie auch nur von allen zu
verlangen. Es gibt Rechtsstaaten, die nicht demokratisch
sind; Preußen bietet ein historisches Beispiel. Es gibt Demo-
kratien, die nicht Rechtsstaaten sind; Brasilien hat immer
wieder solche Epochen durchlaufen. Die beiden sind also
unterscheidbar. Und wiederum liegt der zentrale Wert für
den Liberalen in den Menschenrechten, im Rechtsstaat.
Deren Verletzung vor allem ist Anlaß für …

Ja, was ist zu tun? Hier wird von Politik gesprochen und
nicht von *amnesty international* oder anderen Menschen-
rechtsgruppen. Es ist allerdings am Platze zu betonen, daß
diese Gruppen vor allem dann eine unentbehrliche Funktion
haben, wenn sie sich auf die Integrität einzelner Menschen
konzentrieren. Die Versuchung ist immer wieder groß, von
den Rechten Einzelner auf das allgemeine Unrecht überzuge-
hen, das der Verletzung dieser Rechte zugrunde liegt. Men-
schenrechtsgruppen müssen dieser Versuchung nicht nur
darum widerstehen, weil sie sich sonst um ihre Erfolgschan-
cen bringen, sondern auch, weil sie sonst zu politischen Agi-
tationsgruppen werden, von denen man nicht mehr recht
weiß, ob sie nicht am Ende dasselbe unter umgekehrtem
Vorzeichen tun würden, was sie bekämpfen.

Aber das ist eher eine Fußnote. Politisch ist vor allem
zweierlei nötig. Erstens darf über Menschenrechtsverletzungen nicht geschwiegen werden. Das gilt in gleicher Weise für
das private Gespräch zwischen Politikern wie für deren
öffentliche Stellungnahmen. Man braucht nicht immer
andere anzuprangern; aber man muß die Dinge beim
Namen nennen. Die südafrikanische Apartheid ist darum
die unerträglichste aller Menschenrechtsverletzungen, weil
sie diese schamlos in Recht und Verfassung verankert. Die

Verletzung von Menschenrechten in den kommunistischen Staaten steht zwar im Widerspruch zu deren Verfassungen; sie hat dennoch System. Bei aller Notwendigkeit der Kooperation darf kein Zweifel daran bleiben, daß wir Zwangsarbeit, Mißbrauch der Psychiatrie, Inhaftierung ohne Verfahren, Verbannung im eigenen Land, ja auch Zwangsemigration verurteilen.

In nahezu allen Entwicklungsländern sind die Menschenrechte in Gefahr, in vielen herrscht Willkür. Von Integrität der Person kann oft nicht die Rede sein; *due process*, rechtsstaatliche Verfahren, gibt es nicht; Minderheiten sind Gruppen minderen Rechts. Leider ist die Versuchung zu solchen Menschenrechtsverletzungen groß in Zeiten, in denen die Erwartungen der Menschen den Möglichkeiten ihres Gemeinwesens vorauseilen. Überdies sind viele Entwicklungsländer eben noch keine Staaten; die Staatsbildung selbst verursacht hohe Kosten. Aber alles verstehen heißt nicht alles verzeihen. Auch hier ist die Insistenz auf elementaren Menschenrechten unentbehrlich; auch hier gibt es keine Entschuldigung für Schweigen.

Der zweite politische Grundsatz betrifft die Qualität der Bündnisse, denen man angehört. Diese gleichen konzentrischen Kreisen von einem inneren Ring demokratischer Rechtsstaaten bis zu einem äußeren Ring von Tyranneien, die dennoch Mitglied der Vereinten Nationen sind. Eine weitgehend gemeinsame Ausübung von Souveränität kann nur unter Staaten möglich sein, die über die elementaren Menschenrechte hinaus viele Grundsätze der offenen Gesellschaft akzeptieren. Das gilt auch für die Verteidigungspolitik. Ein Bündnis zur Verteidigung der Freiheit, das Diktaturen als Mitglieder duldet, entwertet sich selbst. Schwieriger wird es indes, wenn wir uns von dem inneren Kern entfernen. Wie steht es zum Beispiel mit der Entwicklungspolitik? In welchem Maße darf oder soll Handelspolitik als Instrument einer Politik der Menschenrechte verwendet werden? Was bedeutet ein Minimalkonsens selbst noch zwischen Rechts- und Unrechtsstaaten?

Eine Antwort auf diese drei Fragen würde uns schon ein beträchtliches Stück weiterhelfen. Aber eine solche Antwort ist nicht leicht zu geben. Man möchte sagen, daß es immer nötig ist, mit anderen zu reden; aber heute wissen wir alle, daß die alliierte *appeasement*-Politik der dreißiger Jahre Hitler den Weg zum Krieg geebnet, jedenfalls nicht erschwert hat. Man möchte sagen, daß Handelspolitik ein ungeeignetes Instrument zur Durchsetzung der Menschenrechte ist; aber wenn Handel zur Stabilisierung wackliger Regimes führt, für die es bessere Alternativen gibt, dann ist die Beantwortung der Frage nicht mehr so leicht. Man möchte sagen, daß Entwicklungspolitik unter allen Umständen wünschenswert ist; aber wenn man dann sieht, daß die Steuermittel westlicher Länder den neuen Herren nur ermöglichen, nach Ascot oder Chantilly zu fahren, um Pferderennen zu genießen, dann melden sich Zweifel. Stalin, Hitler, Pol Pot, Idi Amin, Ayatollah Khomeini, Kaiser Bokassa, Ghaddafi, Pinochet – es gibt so viele Mordbuben in der Uniform von Generälen oder auch dem Talar von Priestern in unserer Zeit, daß man etwas tun möchte. Aber was?

Gestehen wir es zu: Wir sind schwach, was die Verwendung politischer Instrumente zur Durchsetzung von Menschenrechten betrifft. So absolut die Forderung ist, so relativ sind die Mittel zu ihrer Realisierung. Das ist an den drei beispielhaft genannten Politiken leicht deutlich zu machen.

Gewiß ist Entwicklungspolitik generell wünschenswert.

Nur muß man versuchen, alles zu tun, damit sie ihr Ziel erreicht. Wenn sie in erster Linie der Sicherung der Herrschaft einer Führungsschicht der Willkür dient, dann hat sie ihr Ziel verfehlt. Vielleicht ist das ein Argument gegen staatliche, bilaterale Entwicklungspolitik und für das, was Stiftungen, Kirchen, zum Teil auch internationale Organisationen tun. Aber Irrtümer werden immer wieder geschehen. Allenfalls bei den Schwellenländern sind härtere Maßstäbe möglich, nämlich nicht nur die wirtschaftspolitischen Regeln der Internationalen Währungsfonds, sondern auch strengere politische Bedingungen für die Aufnahme in den Club der Reichen.

Die Handelspolitik stellt eher noch schwierigere Fragen. Grundsätzlich ist sie ein ungeeignetes Instrument zur Durchsetzung von Menschenrechten. Gewiß wird man sich nicht seine eigenen potentiellen oder wirklichen Gegner heranzüchten. Man sollte also der Sowjetunion keine militärisch verwendbaren Instrumente liefern und auch Brasilien keine Reaktoren, die sich zur Herstellung von Plutonium für militärische Verwendung eignen. Daß schon dies nicht als selbstverständlich gilt, ist schlimm genug; es hat allerdings direkt nichts mit den Menschenrechten zu tun. Das kommunistische Militärregime Polens in die Knie zu zwingen, indem man das Land bankrottreif macht oder zusieht, wie es weiter verarmt, ist der unsinnigste Weg zur Wiederherstellung der Menschenrechte. Selbst im Fall Südafrikas wird man eher der amerikanischen Kommission unter Franklin Thomas zustimmen müssen, daß weitere Investitionen unterbleiben sollen, daß aber die De-industrialisierung des Landes vor allem denen schaden würde, um deren Menschenrechte es geht. Aus welchem Interesse auch immer, die industriellen Unternehmungen sind Motoren der Humanisierung in Südafrika. Von wenigen Ausnahmen abgesehen, erweist sich also die Handelspolitik als ungeeignetes Instrument einer Politik der Menschenrechte.

Bleibt die Frage der konzentrischen Ringe. Politisch-militärische Bündnisse setzen die Anerkennung der Menschenrechte voraus. Es war richtig, das Griechenland der Obristen aus dem Europarat zu entlassen. Die gemeinsamen Interessen der Länder der NATO und des Warschauer Pakts haben in der Schlußakte von Helsinki durchaus angemessenen Ausdruck gefunden. Mit Recht ist daher in dieser Schlußakte auch von den Menschenrechten die Rede; mit Recht sind Helsinki-Gruppen in vielen Ländern entstanden, die sich vor allem dieser Fragen annehmen. Zu internationalen Wirtschafts- und Währungsorganisationen gehört immer ein Element der Insistenz auf elementaren Menschenrechten. Man kann zwar IMF-Bedingungen akzeptieren und foltern; aber es ist doch etwas schwieriger, als wenn man sich diesen Bedingungen nicht unterwirft. Weltweit schließlich gilt grundsätzlich, daß man miteinander reden muß, und zwar mit allen. Wenn man nicht mehr redet, begibt man sich der Einflußmöglichkeiten noch auf die Durchsetzung elementarer Menschenrechte. Und doch gibt es hier ebenfalls Ausnahmen.

Der Schluß dieser Überlegungen ist klar, wenn auch traurig: Die politischen Möglichkeiten zur Durchsetzung von Menschenrechten sind begrenzt. Wir sollten uns keinen Illusionen hingeben, also beispielsweise Handelspolitik nicht als Alibi benutzen, wenn wir doch wissen, daß sie das Ziel, das uns vorschwebt, nicht erreicht. Die Ausweitung elementarer Menschenrechte führt den Liberalen letzten Endes auf den Einzelnen, auf sein Handeln, vielleicht auf kleine Gruppen, auf private Organisationen zurück. Und so behält am Ende

Max Weber doch recht: »Wer Politik überhaupt und wer vollends Politik als Beruf betreiben will, hat sich jener ethischen Paradoxien und seiner Verantwortung für das, was aus ihm selbst unter ihrem Druck werden kann, bewußt zu sein. Er läßt sich, ich wiederhole es, mit den diabolischen Mächten ein, die in jeder Gewaltsamkeit lauern.« Für den Liberalen, dem es um die Menschenrechte geht, hört die Politik irgendwo auf, und es beginnt das »Hier stehe ich, ich kann nicht anders«. Hier, auch hier, ist die Spannung von Liberalismus und Staat unabweisbar. Aber man sollte es nicht zu schnell beschwören. Bevor es zum entschiedenen und ganz persönlichen Widerstand kommt, gibt es viel zu tun.

Die Angst vor dem Krieg

Es gibt keine wichtigere Aufgabe als die,
den nuklearen Krebs zu bekämpfen.

Schon der Versuch, nukleare Waffen, ihre Produktionsstätten und die Fähigkeit zu ihrer Konstruktion wieder aus der Welt zu schaffen, scheint hoffnungslos. Doch kommt noch hinzu, daß diese Waffen ja nicht aus bloßer Zerstörungslust erfunden worden sind. Ihre Erfinder wollten vielmehr Hitlers Mordregime vernichten (oder auch retten). Ihre Besitzer heute wollen die Freiheit verteidigen (oder auch zerstören). Die Frage ist also: Gibt es Mittel und Wege, unsere Freiheit zu erhalten und zugleich den Selbstmord der Menschheit zu verhindern?

Nirgends ist es so wichtig, billige Phrasen zu vermeiden wie bei diesem Thema. Nirgends ist auch die Versuchung so groß, in Phrasen zu verfallen. Noch ein anderes Vorsichtswort ist nötig: Nirgends ist der Widerspruch zwischen den technischen Argumenten der Experten und den einfachen Empfindungen der Menschen so lebensgefährlich wie in der nuklearen Debatte. Nirgends ist es daher so wichtig, eine Sprache zu finden, die von beiden Seiten verstanden wird.

Das hat Voraussetzungen. Die erste Voraussetzung steckt schon in dem Wort vom »nuklearen Krebs«, das wir hier vorangestellt haben. Die Erfindung und Entwicklung zuerst der Atombombe, dann nuklearer Waffen mit weit höherer Sprengkraft und Strahlungswirkung bedeuten einen qualitativen Einschnitt in der Geschichte der Menschheit. Nie zuvor konnten Menschen die Menschheit insgesamt ausrotten und die Erde in einen Planeten der Gräser und Insekten verwandeln; heute können sie es. »Die Menschen« heißt dabei: einige Menschen. Zuerst waren es die Führer der Vereinigten Staaten von Amerika. Dann kamen, dank des irregeleiteten Idealismus einiger Verräter, die Führer der Sowjetunion hinzu. Inzwischen hat die Kenntnis nuklearer Vernichtungswaffen sich bis zu beinahe jeder Technischen Hochschule verbreitet, und die Mittel zur Umsetzung dieser Kenntnis stehen, dank der Verantwortungslosigkeit der ersten Atommächte, einem halben Dutzend, wenn nicht mehr Staatsführungen zur Verfügung.

Die Welt ist also nicht mehr dieselbe. Die Menschen aber sind es. Sie können irren. Sie können hassen. Sie können sich und andere umbringen. Es ist höchst unwahrscheinlich, daß die Herren der Vereinigten Staaten oder der Sowjetunion in absehbarer Zeit ihr nukleares Potential gegeneinander oder gegen andere verwenden werden. Ein sowjetisch-amerikanischer Nuklearkrieg dürfte eher technischem Versagen als politischer Absicht entspringen. Den Opfern, uns, ist das gleichgültig; es ist daher nicht gleichgültig, daß technische Irrtümer beängstigend häufig sind. Auch jenseits davon bleiben indes zwei Fragen: Was geschieht, wenn die »absehbare Zeit« vorbei ist? Wie also, wenn die Sowjetunion oder auch die Vereinigten Staaten einmal alle Raison verlieren? Und: wie steht es mit den anderen, den jüngeren Atommächten, die möglicherweise eher aus Verzweiflung den Selbstmord riskieren und die nicht Teil des vielbeschworenen Systems der Abschreckung sind?

Die menschlichen Möglichkeiten der Selbstzerstörung sind ins Unmeßbare gewachsen. Die menschliche Natur und das Konfliktpotential der Weltgesellschaft haben sich nicht verändert. Und wir können die Todeswaffen nicht mehr loswerden. Eine der eindrucksvollen Stellen in Jonathan Schells Buch über das »Schicksal der Erde« ist die, an der er zeigt, daß das Genie nicht in die Flasche zurückzubringen ist: Die Zerstörung aller Kernwaffen könnte die in Frage kommenden Staaten nicht daran hindern, ihr Arsenal alsbald wieder zu füllen. Die Zerstörung aller Anlagen zur Herstellung von Kernwaffen würde nur für kurze Zeit helfen. Die Vernichtung aller physikalischen Labors und aller Pläne, auf denen die Waffen beruhen, würde die Sicherheitsmarge nur vorübergehend und geringfügig steigern. Selbst wenn wir alle Physiker umbrächten, ginge das Wissen um das nukleare Potential nicht verloren: »Es ist die äußerste Ironie dieser pervertierten Entwicklung menschlicher Fähigkeiten, daß die einzige erkennbare Methode, um das Wissen darum wieder zu beseitigen, wie wir uns selbst zerstören können, in eben dieser Selbstzerstörung liegt – das heißt, in der Beseitigung des Wissens durch die Beseitigung der Wissenden.«

Das ist der nukleare Krebs. Wir wissen nicht, wie wir seiner Herr werden können. Die Wahrscheinlichkeit muß daher groß sein, daß wir eines Tages an ihm zugrunde gehen.

Darf man das überhaupt aussprechen? Ich gehöre zu denen, die Hiroshima und Nagasaki zunächst nicht in ihrer vollen Bedeutung wahrgenommen haben. Das galt weniger, weil ich zu jung war; junge Menschen sind gegenüber dem Unerträglichen eher weniger abgehärtet. Aber damals, im August 1945, ging es bei uns um einen Sack Kartoffeln und ein paar Gramm Fleisch; Radios hatten wir nicht, und um Zeitungen mußte man Schlange stehen; die Welt war ohnehin weit weg, insoweit sie nicht aus Besatzungssoldaten bestand. Erst später, Jahre später, begann der schlimme

Gedanke sich einzunisten in der Seele, dann auch im Kopf, daß da 1945 noch etwas anderes, unvergleichlich schwerer Wiegendes geschehen war als der »Zusammenbruch« Deutschlands. Dann kam die Zeit der Tests. Von den Bikini-Atolls hörte man und sah sie alsbald zu jener Nichtigkeit verniedlicht, die den Namen hat überleben lassen. Daß Großbritannien und Frankreich auch zu Kernwaffenmächten geworden waren, nahm man ebenso wahr wie die sowjetische Entwicklung. Die nukleare Welt wurde Schritt für Schritt Tatsache, fast wie die maschinelle früher und die elektronische später; aber es gab kein einzelnes Ereignis, das aufhorchen ließ. Allenfalls galt das für die kubanische Raketenkrise von 1963. Auch sie schien dem Zeitungsleser jedoch vornehmlich ein Pokerspiel zwischen Kennedy und Chruschtschow.

Als ich politisch erwachsen wurde, hatte ich wenig mit der Welt nuklearer Kriegsgeräte im Sinn; ich habe aber auch nicht protestiert. Selbst noch die Theorie der Sicherheit durch Abschreckung wurde fast automatisch zum Bestandteil der politischen Weltanschauung: Gewiß, wenn die schrecklichen Waffen schon da sind, dann verlangt die Verteidigung der Freiheit ein Gleichgewicht des Schreckens. Zweifel an vorherrschenden Meinungen haben bei mir erst in den letzten Jahren allmählich die Oberhand gewonnen. Das galt nicht erst seit Jonathan Schells Artikeln im *New Yorker* und dann seinem Buch, auch nicht erst seit Helmut Schmidts Londoner Rede mit der später von der NATO anerkannten Forderung, den sowjetischen SS-Raketen eine nukleare Antwort in Europa entgegenzusetzen. Früher schon stimmte mich der Begriff des *overkill* nachdenklich.

Daß Straffällige mehrfach zum Tode oder auch mehrfach

zu lebenslänglicher Haft verurteilt werden, kann man als juristische Fiktion ohne praktische Bedeutung abtun. Daß aber Regierungen in der Lage sind, die Bürger anderer Staaten, ja vielleicht alle Menschen in der Welt gleich mehrfach ums Leben zu bringen, führte unweigerlich zu neuem Nachdenken. Ich will es klar sagen: Meine eigenen Überlegungen zur nuklearen Frage stammen aus den letzten drei, vier Jahren, zum Teil auch erst aus dem letzten Jahr. In manchem habe ich dabei frühere Meinungen korrigiert. Die tiefe Skepsis, von der die hier entwickelte Auffassung getragen ist, beruht nicht nur auf der Entdeckung, daß wir an nuklearem Krebs leiden, ohne ihn kurieren zu können, sondern auch auf dem neuen Durchdenken vertrauter Annahmen, einschließlich solcher, zu denen ich mich hier und da anders geäußert habe.

Krebs ist unheilbar. Das heißt aber nicht, daß wir in Trübsinn und Untätigkeit verfallen dürfen. Es kommt auch dann noch darauf an, anständig zu leben, wenn man weiß, daß man nicht mehr lange zu leben hat. Viele von uns haben Menschen gekannt, die das fertiggebracht haben; und wir haben sie mit Recht bewundert. Ihr Vorbild gilt auch für Völker. Vor allem aber dürfen wir das Wort »unheilbar« nicht einfach hinnehmen. Wir werden die tödliche Gefahr nicht heute und nicht morgen und vielleicht überhaupt nicht bannen; aber wir müssen es versuchen und zumindest Schritte in die richtige Richtung gehen.

Dabei gibt es zwei Leitideen. Sie sind einfach. Die erste ist, daß alles getan werden muß, um das nukleare Potential der Menschheit zu reduzieren und zu kontrollieren. Die zweite ist, daß nichts getan werden darf, um die Freiheit, in der wir leben, zu gefährden. Diese Leitideen sind, wie gesagt, einfach; schwierig ist es nur, sie zu verbinden.

Manche wollen die Verbindung dadurch herstellen, daß sie die beiden Leitideen in eine Rangordnung bringen. Sie irren, und zwar irren sie in gefährlichem Maße. Die einen sagen, daß es zunächst und vor allem darauf ankommt, das eigene Verteidigungspotential so stark zu halten, daß niemand, der die Freiheit attackieren will, dies wagen kann. Das klingt plausibel. Doch wird es dann weitergeführt zu der These, eine nukleare Überlegenheit des Westens sei zu dem Zweck unentbehrlich. Das ist die Position, die Mitarbeiter von Präsident Reagan in der Anfangszeit seiner Präsidentschaft bezogen haben. Sie verlangten nicht nur wesentlich erhöhte Verteidigungsausgaben (was für das nukleare Potential nur bedingt relevant ist), sondern bestanden vor allem darauf, daß die Kapazität für einen erfolgreichen nuklearen Erstschlag geschaffen werden müsse. Nicht überraschenderweise haben sie die Schritte einer solchen Auseinandersetzung auch intellektuell durchgespielt. Dabei versteht es sich von selbst, daß hinter derlei nuklearen Kriegsspielen niemals die Absicht stand, sie auch zu realisieren; die Absicht lag immer nur in der Abschreckung.

Die sowjetische Aufrüstung, in dem längst weithin zur Militärdiktatur gewordenen Land prinzipiell unbegrenzt, liefert für eine solche Haltung manche Gründe. Die Haltung ist trotzdem gefährlich. Indem sie Begriffe wie Überlegenheit, aber auch Gleichgewicht selbst dann noch verwendet, wenn bereits eine mehrfache *overkill*-Kapazität gegeben ist, zwingt sie beinahe zu einem wirtschaftlich und politisch verderblichen Rüstungswettlauf. Indem sie die Erstschlagsmöglichkeit durchspielt, verändert sie die politische Grundorientierung des Verteidigungsbündnisses. Indem sie generell die Gefahr der Auseinandersetzung hochspielt, verstärkt sie diese Gefahr. (Ohnehin ist es ja schon zweifelhaft genug, ob »Abschreckung« auf die Dauer eine durchhaltbare militärische Strategie ist.) Die amerikanische *freeze*-Bewegung, also die Forderung nach Einfrieren des gegenwärtigen nuklearen Potentials, hat auf die »Lieber-tot-als-rot«-Rangordnung eine klare, keineswegs lauwarme Antwort gegeben.

Auf der anderen Seite steht die »Lieber-rot-als-tot«-Position. Es ist zwar beliebt geworden zu sagen, daß diese Formeln nichts aussagen, daß man sie vermeiden soll; tatsächlich aber beschreiben sie ziemlich genau, was verschiedene Gruppen wollen. Und da gibt es dann diejenigen, die sagen, die nukleare Gefahr sei so ungeheuerlich, daß man zu ihrer Abwendung auch die unvergleichlich kleinere Gefahr in Kauf nehmen müsse, von totalitären Regimes, etwa von kommunistischen, überrollt zu werden. Wichtig sei zunächst doch nur das Überleben. Die Freiheit könne man sich wieder erkämpfen; das Leben dagegen nicht. Daher sei jede nukleare Bewaffnung grundsätzlich abzulehnen. Nicht nur dürfe es keine Nachrüstung geben, sondern dort wo (wie in Großbritannien) nukleare Waffen existierten, sei einseitige nukleare Abrüstung nötig.

Nun mag es sein, daß die einseitige nukleare Abrüstung Großbritanniens an der Verteidigungskraft des Westens nicht soviel ändern würde, wie manche glauben. Aber hier ist von Deutschland die Rede und von einer Position, wie sie in der Friedensbewegung vor allem bei Aktivisten verbreitet ist. In gewisser Weise ist die Problematik dieser Position das Spiegelbild der Aufrüstungsposition nach dem Motto »Lieber tot als rot«. Auch für die Unilateralisten gilt nämlich, daß die Gefahr, um die es geht, also die Unfreiheit, durch eine Haltung erst angelockt wird, die vorhandene Waffen einseitig und ohne Verhandlungen aufzugeben bereit ist. Der Gedanke einer atomwaffenfreien Zone hat seinen guten

Sinn. Von ihm wird gleich noch einmal zu sprechen sein. Aber der Vorabbeschluß, selber auf Möglichkeiten der Abschreckung zu verzichten, ohne daß der andere auch nur ein Jota an seiner Macht ändert, ist fast eine Form der Selbstaufgabe.

Beide Positionen sind hier eher freundlich dargestellt worden. Im Blickwinkel des jeweils anderen sehen sie sehr viel weniger freundlich aus. In der deutschen Friedensbewegung gibt es manchen, der ernsthaft glaubt, Präsident Reagan und seine Berater wollten den Krieg. Umgekehrt gibt es bei Präsident Reagans Beratern manchen, der die Friedensbewegten ernsthaft für Neutralisten, ja für Dreiviertel-Kommunisten hält. Diese optischen Täuschungen, die allenfalls von Extremfällen auf große Gruppen oder einflußreiche Instanzen schließen, erleichtern den Weg vorwärts nicht. Es ist schon schlimm genug, daß es die beiden Ansätze gibt, eine Rangordnung zwischen Freiheit und Sicherheit herzustellen, und daß beide Freiheit und Sicherheit eher gefährden.

Womit wir wieder beim Dilemma der Ausgangsfrage wären: Wenn die einfachen Leitideen die sind, das nukleare Potential der Menschheit zu reduzieren und zu kontrollieren, ohne damit die Freiheit, in der wir leben, zu gefährden, was sind dann die nächsten Schritte? Versuchen wir doch einmal, ganz unabhängig von vorherrschenden Meinungen, aber ausgehend von den Realitäten der Zeit, diese Frage zu beantworten.

Erstens: Wir brauchen die westliche Allianz. Diese Allianz ist in militärischer Hinsicht eine ungleiche Partnerschaft. Die Vorherrschaft der Vereinigten Staaten in ihr steht außer Zweifel. Sie ist daher wie alle ungleichen Partnerschaften immer wieder gefährdet. Das Ressentiment der Juniorpartner kann die Tendenz des Seniorpartners bestärken, sich aus der Bündnis-Verantwortung zurückzuziehen. Indes wäre das für die europäischen Länder und unter ihnen vor allem für Deutschland aus zwei Gründen verderblich: Einmal schafft nur die Allianz mit den Vereinigten Staaten nach Lage der Dinge ein Gegengewicht zur Sowjetunion, die ja ihrerseits nicht einfach eine europäische Macht, sondern eine militärische Supermacht ist; zum anderen gibt es nur innerhalb der Allianz und durch die Allianz eine Möglichkeit, das Verhalten der befreundeten Vereinigten Staaten zu beeinflussen. Europa kann sich letzten Endes nicht selbst verteidigen. Es hat überdies Interessen in der Welt, die es nur mit den USA und durch die USA durchzusetzen hoffen kann.

Da bleiben viele Fragen offen. Zum Beispiel die der sowjetischen Motive. Man braucht nicht davon auszugehen, daß die Sowjetunion die Absicht hat, die Welt zu erobern, um eine Verteidigungspolitik im Rahmen der Allianz zu befürworten. Verteidigungspolitik muß immer den schlimmsten Fall annehmen. Dann ist da die Frage der amerikanischen Position. Es ist nicht nötig für eine Allianz, daß man immer mit der jeweiligen amerikanischen Regierung einverstanden ist (wenn eine gewisse Kontinuität der amerikanischen Politik auch hilfreich wäre). Trotz ihrer Ungleichheit ist die Bündnisbeziehung doch eine der Partnerschaft. Das stellt die Frage der europäischen Position. Sie innerhalb der Allianz zur Geltung zu bringen, ist eine der großen Aufgaben dieser Jahre.

Zweitens: Diese europäische Position besteht insbesondere aus dem permanenten und intensiven Drängen auf Abrüstungsverhandlungen zwischen den Supermächten. Es gibt viele, vor allem in Europa, die den Absichten der Sowjetunion in dieser Hinsicht mißtrauen. Es gibt auch manche, die angesichts der amerikanischen Absichten skeptisch sind. SALT 1 sieht im nachhinein eher wie eine Aufrüstungsabmachung aus. SALT 2 ist nie ratifiziert worden. Der Start von START ist langsam. Das alles ist bedrückend und schwer erträglich. Daher gibt es ein massives europäisches Interesse daran, daß die sowjetisch-amerikanischen Verhandlungen vom Startblock der Nulloptionen wegkommen und sich den realen Möglichkeiten zuwenden. Dabei ist jeder Vorschlag als Ausgangspunkt willkommen, auch einer, der zunächst sowjetische Vorteile zu implizieren scheint. Übrigens liegt es auch im europäischen Interesse, daß die westliche Seite in Genf die Initiative nicht verliert. Wir wollen nicht nur Frieden, sondern die möglichst weitgehende Entnuklearisierung, und daran, daß wir, die freien Länder der Welt, das wollen, darf nie ein Zweifel bestehen.

Das heißt auch, daß man sich sehr genau und immer neu überlegen muß, mit welchen Mitteln man versucht, auf diese Verhandlungen Druck auszuüben. Es ist nun einmal eine traurige Tatsache, daß die meisten Verhandlungen nur unter Druck zu Ergebnissen kommen. Aber auch die Instrumente solchen Drucks müssen verhandlungsfähig sein können. Die Sache ist zu wichtig, als daß irgendeine Seite durch ultimative Drohungen im Hinblick auf Termine oder Methoden einen Zugzwang schaffen darf, dessen Wirkungen die Gefahren erhöhen, statt sie zu verringern. Wenn die Genfer Verhandlungen in die Sackgasse geraten, dann sollten die europäischen Bündnispartner die Vereinigten Staaten drängen, auch die Drohungen, die hinter den Verhandlungen stehen, zumindest indirekt in die Verhandlungen einzubeziehen.

Drittens: Das alles heißt nicht, daß man falsche Signale an eine Macht gibt, die leider dazu neigt, auf solche Signale aggressiv zu reagieren: die Sowjetunion. Vielmehr ist die klare Verteidigungsbereitschaft der westeuropäischen Länder eine Bedingung der Möglichkeit jener über die Blockgrenzen hinausreichenden Verhandlungen, an denen gerade der Bundesrepublik gelegen ist. Verteidigungsbereitschaft heißt aber mehr als nur die Steigerung von Verteidigungshaushalten. Sie darf auch nicht von irgendwelchen Terminen der Abrüstungsverhandlungen abhängig gemacht werden. Sie muß vielmehr hier und heute bestehen. Sie muß sichtbar sein. Auch darum sind die Vorschläge von General Rogers zur spürbaren Stärkung der sogenannten konventionellen Verteidigung Westeuropas so wichtig. Sie rasch in die Tat umzusetzen, wäre die wichtigste einzelne Leistung der westeuropäischen Partner der Allianz.

Dabei ist ein Gesichtspunkt nicht zu übersehen. Verteidigungsbereitschaft hat etwas zu tun mit dem, was Menschen glauben und wollen. Die Schweiz ist verteidigungsbereit, weil die Mehrzahl junger und nicht so junger Schweizer nach wie vor in der Wehrpflicht eine Leistung für das eigene Land sieht. In Schweden steigt die Verteidigungsbereitschaft, weil die Entdeckung sowjetischer U-Boote an der Küste das neutrale Land verständlicherweise aufgebracht hat. In den anderen nord- und mitteleuropäischen Staaten ist die Verteidigungsbereitschaft geringer. Dafür gibt es viele Gründe. Einer der Gründe liegt in der Angst, die viele in der Friedensbewegung motiviert hat. Das ist auch eine Angst vor der Sowjetunion und ihren Raketen, vor allem des Typs SS-20; es ist aber eine allgemeinere Angst vor dem nuklearen Krieg. In dem Maße, in dem die Verteidigung der Freiheit verbunden wird mit sogenannten konventionellen Waffen, dürfte die Bereitschaft der Bürger in Deutschland, den Benelux-Ländern und den skandinavischen Ländern, ihren Beitrag zu leisten, auch wieder wachsen.

Ist das genug? Ist das ein Programm, das nach innen trag-
bar und nach außen durchsetzbar ist? Reicht es, um die
tiefsitzende nukleare Angst zu überwinden? Was ist überhaupt das Ziel einer solchen Politik?

Das Ziel ist zumindest auf mittlere Sicht klar. In Europa
muß eine atomwaffenfreie Zone entstehen, die so weit wie
irgend möglich reicht. Das ist keine neutrale Zone. Vielmehr
bleibt in ihr der Platz der Bundesrepublik an der Seite von
Partnern, die wie sie selbst freie Länder sind, die ihre Freiheit verteidigen wollen. Aber es ist eine Zone, die sich
zumindest vor einer Möglichkeit des nuklearen Selbstmordes gerettet hat. Die Vorstellung, daß es auch nur in der
militärischen Theorie einen begrenzten Nuklearkrieg auf
europäischem Boden geben kann, ist ja ebenso unhistorisch
wie unerträglich. Sie ist unhistorisch, weil sie doch sogleich
an die Diskussion über den »begrenzten Krieg« in den
Außenministerien der großen Mächte im Juli 1914 erinnert,
die dann innerhalb weniger Wochen durch die Realität über-
rannt wurde. Sie ist unerträglich, weil ein begrenzter Nuklearkrieg auf europäischem Boden jedenfalls zur Zerstörung
Deutschlands, eines dann wieder ganzen und ganz zerstör-
ten Deutschlands führen müßte. Dieses Motiv allein reicht
aus, um deutsche Regierungen zu veranlassen, gemeinsam
mit ihren europäischen Partnern in der Allianz einen Druck
auszuüben, der zu einer neuen NATO-Politik für Europa
führen sollte.

Daß dies durchsetzbar ist, muß man hoffen. In den Vereinigten Staaten gibt es, wie in jedem demokratischen Land,
eine Vielzahl von Meinungen und eine offene Diskussion
dieser Meinungen. Gewiß haben sich offizielle und nicht-
offizielle Meinungen über Europa in Amerika in den letzten
Jahren verhärtet; auch ist die Welle des Protektionismus an

den Vereinigten Staaten nicht spurlos vorübergegangen. Aber das alles ändert nichts an der Möglichkeit, eine klare Position auch in Washington plausibel zu machen: Amerikaner und freie Europäer verteidigen dieselben Werte. Sie wollen zu diesem Zweck das Bündnis stärken, nicht schwächen. Die Europäer haben allerdings ein besonderes Interesse daran, dem Bündnis den nuklearen Stachel zu nehmen. Sie wollen nämlich weder rot noch tot sein. Darum müssen wir die symbolischen Streitereien aufgeben. Europa muß seinen eigenen, sichtbaren, konventionellen Verteidigungsbeitrag leisten. Die Vereinigten Staaten müssen mit verstärktem Erfolgswillen die nuklearen Abrüstungsverhandlungen betreiben. Auf diesem Weg vorwärts ist Vertragstreue, auch das Stehen zu einmal getroffenen Abmachungen, wichtig. Aber auf diesem Weg vorwärts darf es keine Dogmen geben. Die Partnerschaft ist auch ein ständiger Dialog, eine ständige gemeinsame Suche nach dem für alle besten Weg.

Und die Sowjetunion? Die Sowjetunion ist schon ihrer inneren Struktur nach unbeweglicher als die freien Länder. Das beruht auf der Starre ihrer inneren Machtstrukturen. Hinzu kommt das Dilemma von militärischer Stärke und wirtschaftlicher Schwäche. Außerdem ist die Angst vor dem Westen in der Sowjetunion weit stärker und tiefgehender als die Angst vor der Sowjetunion im Westen. Nur wer diese Angst reduziert, kann überhaupt hoffen, die Sowjetunion in der nuklearen Schlüsselfrage der Menschen zu bewegen. Auch darum ist die Handelspolitik so wichtig. Auch in dieser Hinsicht muß Europa eine besondere Rolle spielen, für die sich schwer ein Name finden läßt. Es ist nicht die Rolle eines Vermittlers; das wäre ein verwegener Anspruch. Es ist auch nicht die Rolle einer dritten Kraft. Vielleicht ist es die eines Dolmetschers, denn so vieles gerade in der sowjetischen Position beruht auf Unverständnis und Mißverständnis. Das heißt aber, daß die Europäer reden, den Dialog fortsetzen müssen, ohne doch jemals der neutralistischen Versuchung zu verfallen. Diese wäre nicht nur gefährlich, sondern würde auch den Dialog selbst entwerten.

Das alles sind kleine, sehr kleine Schritte angesichts eines Problems von ungeheurer Größe. Reichen sie aus, um die große Angst zu besänftigen? Hier helfen keine leeren Beteuerungen. Nein, die hier angedeuteten Vorschläge, auf der Grundlage der bestehenden Beschlüsse, Abmachungen und Allianzen Schritte nach vorne zu suchen, werden die Emotionen der Friedensbewegung kaum dämpfen. Diese Emotionen sitzen zu tief. Sie entziehen sich möglicherweise überhaupt politischen Entscheidungen. Zum Teil führen sie zu den Fragen der Gesinnungsethik zurück. Die Verbreitung von Nuklearwaffen oder Materialien und Technologien zu ihrer Herstellung war, wie gesagt, ein historisches Verbrechen der ersten Nuklearmächte. Es ist gerade deshalb eine Aufgabe der ersten Nuklearmächte, mit aller Entschiedenheit diese Verbreitung einzudämmen und dort Sanktionen zu verhängen, wo erkennbar ist, daß neue Gefährdungen entstehen. Da müssen auch Roß und Reiter genannt werden, selbst wenn sie Frankreich oder Kanada heißen.

Aber das ist ein frommer Wunsch. Mit frommen Wünschen kommt man bekanntlich dem Krebs nicht bei. Ich könnte mir vorstellen, daß ich einmal mit der Friedensbewegung marschiere, nicht weil ich mir vom Marschieren viel verspreche, sondern weil die politische Diskussion der nuklearen Problematik zu viele Fragen offenläßt, die doch eine Antwort verlangen. Nach dem Marsch würde sich dann bei mir wahrscheinlich der große Katzenjammer einstellen, und zwar nicht allein deshalb, weil das Marschieren nichts genützt hätte, sondern weil mir dann wohl nur noch klarer geworden wäre, daß es auf die offenen Fragen keine Antwort gibt. Wir haben da etwas angerichtet, das unsere Möglichkeiten überschreitet, genauer gesagt: wir haben technisch etwas angerichtet, das unsere moralischen und auch politischen Möglichkeiten überschreitet. Alles, was man tut, ist daher zu wenig. Das Wenige allerdings muß getan werden.

Antrieb für Europa

*Solange eine neue Weltordnung
nicht zustande kommt,
muß eine europäische Ordnung
an ihre Stelle treten.*

Das deutsche Interesse kann nur im europäischen Zusammenhang verwirklicht werden. Damit wird kein blauäugiges Europäertum vertreten, und es soll auch nicht die Hoffnung geweckt werden, daß ein abstraktes Europa alle Fragen der äußeren und gar der inneren Politik lösen könnte. Im Gegenteil: Europa ist selbst in der Krise, sowohl als Versuch der Kooperation als auch in seinen Teilen. Aber wenn wir die Themen der deutschen Politik überblicken, jene Bereiche, in denen dezentrale Antworten nicht zureichen, dann drängen sich doch eindeutige Schlüsse auf: Die deutsche Frage ist zur europäischen Frage geworden; nur im Rahmen einer europäischen Ordnung können die Bedingungen geschaffen werden, die die beiden deutschen Staaten wieder näher zusammenführen.

Solange eine neue Weltordnung nicht zustande kommt, muß eine europäische Ordnung an ihre Stelle treten; damit sie zustande kommt, muß Europa mit einer Stimme sprechen. Europa hat in der Entwicklungspolitik eine besondere Aufgabe, weil es reich ist, ohne mit seinem Reichtum militärische Vormachtansprüche zu verbinden. In der Sicherheitspolitik ist die europäische Stimme innerhalb der Allianz wichtig; sie ist vielleicht die Stimme, die unser Überleben garantiert.

Daran, daß es ein Interesse an einem starken und einigen Europa gibt, kann also wenig Zweifel bestehen. Warum aber ist das wirkliche Europa dann so schwach und gespalten? Was hat die europäischen Hoffnungen gedämpft und für manche beseitigt? Was ist zu tun, wenn man dennoch glaubt, daß nicht allein Deutschland, sondern auch andere europäische Länder nur in der Zusammenarbeit eine Zukunft haben?

Zunächst ist ein Prozeß zu verstehen, der mehr Fehlschläge als Erfolge kennt und dessen Bilanz am Ende doch positiv ist. Nach dem Zweiten Weltkrieg begann Europa mit den großen und bewegenden Reden Winston Churchills. Wer sie in alten Filmen hört, kann nicht umhin, von ihnen angerührt zu werden. Wer genau hinhört, dem fällt allerdings eines auf: Europäische Einigung war in den Augen Churchills eine Einigung von Frankreich und Deutschland. Sein eigenes Land, Großbritannien, sollte nach diesem Bild zwischen Europa und Amerika eine dritte, vermittelnde Großmacht sein. Vielleicht hatte Churchill recht, England nicht in den europäischen Prozeß einzubeziehen. Jedenfalls ging es im ersten Jahrzehnt der Nachkriegszeit vor allem um Deutschland und Frankreich. Was erreicht wurde, war erstaunlich.

Erinnert man sich noch, daß das Saarland selbständiges Mitglied des Europarates war, ein drittes Deutschland? Die Selbstverständlichkeit, mit der das Referendum von 1955 zur Eingliederung der Saar in die Bundesrepublik führte, ist gewiß zum Teil der staatsmännischen Größe von Ministerpräsident Mendès-France zu danken; sie war aber auch ein Resultat der sich herausbildenden Bindung zwischen den Ländern diesseits und jenseits des Rheins, die in sieben Jahrzehnten drei blutige Kriege gegeneinander geführt hatten.

Wer die Saargeschichte miterlebt hat, wird sie auch dann als Triumph eines neuen europäischen Geistes in Erinnerung behalten, wenn die deutschen Politiker an der Saar zunächst noch einmal einen vergeblichen Versuch machten, nationalistisch zu operieren.

Schwerer als der Nationalismus der deutschen Saarparteien wog ohnehin die Entscheidung der französischen Nationalversammlung, den Vertrag über die Europäische Verteidigungsgemeinschaft nicht zu ratifizieren. Auch wenn damals Jean Monnet in der Hohen Behörde für Kohle und Stahl regierte, stellt das Ende der EVG doch zugleich das Ende der ersten Epoche europäischer Kooperation nach dem Krieg dar. Es war vielleicht für lange Zeit das Ende der realistischen Hoffnung auf europäische Integration.

Mit der Konferenz von Messina und der Gründung der Europäischen Wirtschaftsgemeinschaft begann 1957/58 eine neue Epoche. Trotz ihrer vielbeschworenen politischen Zielsetzungen war dies eine Epoche der Zusammenarbeit auf der Grundlage teils gemeinsamer, teils wechselseitiger Interessen. Gemeinsam war das Interesse an dem größeren Markt zu einer Zeit, in der wirtschaftliches Wachstum geradezu nach Expansion der Märkte schrie und die Kennedy-Runde mit ihren weltweiten Zollsenkungen noch nicht stattgefunden hatte. Wechselseitig waren wiederum vor allem die deutschen und die französischen Interessen. Deutschland gestand Frankreich eine teure Agrarpolitik zu, erreichte aber den Verzicht auf eine ordnungspolitisch unakzeptable Industriepolitik. Überhaupt wurde Deutschland zu einer Art Zahlmeister der EWG als Preis für die Rückkehr in die Gemeinschaft der Nationen. Ein Dutzend Jahre lang war die EWG neben Euratom und der Montanunion ein florierendes Unternehmen, mindestens eine willkommene Ergänzung der nationalen Politik und der westlichen Allianz, vielleicht eine noch weiterreichende Hoffnung.

Die Hoffnung fand in der Gipfelkonferenz von Den Haag im Dezember 1969 ihren Ausdruck. Diese Konferenz markiert den Höhepunkt und den Beginn des Niedergangs der Gemeinschaft. Sie konstatierte zunächst, daß der Gemeinsame Markt nun (nahezu, bis auf die Weinmarktordnung) komplett war. Sie beschloß alsdann, auf Grund ihres neu gewonnenen Selbstbewußtseins, aber wohl auch, weil an der Stelle de Gaulles nun Präsident Pompidou saß, Beitrittsverhandlungen mit Großbritannien sowie Irland, Dänemark und Norwegen aufzunehmen. Schließlich wurde im Haag vereinbart, eine neue große Zielsetzung gemeinsam ins Auge zu fassen und innerhalb von zehn Jahren eine Wirtschafts- und Währungsunion anzustreben.

Die Enttäuschungen über die Erweiterung der Europäischen Gemeinschaft (wie sie seit der Fusion der Institutionen von EWG, Euratom und Montanunion 1967 hieß) sind heute allgemein bekannt. Die neuen Mitglieder erwiesen sich als Bremser, nicht als Motoren der Gemeinschaft; Norwegen trat erst gar nicht bei. Bei den späteren Verhandlungen im Zusammenhang mit der sogenannten Süderweiterung mußte man sogar den Verdacht haben, daß diejenigen sie befürworteten, die keine inneren Fortschritte der Gemeinschaft wollten, während die Anhänger engerer Kooperation der Erweiterung eher vorsichtig gegenüberstanden.

Aber wichtiger war das Drama der Wirtschafts- und Währungsunion. In der brillanten Konzeption des Ministerratsausschusses unter dem luxemburgischen Ministerpräsidenten Werner, vor allem aber des für Wirtschaft und Finanzen zuständigen Kommissars Raymond Barre, schien sie Europa eine Zukunft zu versprechen, die fast unausweichlich mit der politischen Integration enden mußte. Eine Währungsunion verlangt nicht nur eine gemeinsame Notenbank, sondern auch eine gemeinsame Wirtschaftspolitik; da fehlte nicht mehr viel an einer europäischen Regierung.

Und doch fehlte alles. Auch für Europa markiert das Jahr 1971 einen Wendepunkt. Wenige Wochen nach den ersten Beschlüssen des Ministerrates zur engeren Koordination der Währungen der Gemeinschaftsländer begann deren Floating. Zuerst wurden noch verzweifelte Versuche gemacht, den Zehnjahresplan zu retten; aber sie erwiesen sich alsbald als reine Illusion. Die Welt hatte Europa eingeholt. Europa existierte eben nicht unter einer Glasglocke, sondern war Teil eines umfassenderen Systems, in dem alles auf Instabilität und nicht auf Stabilität drängte. Europa mußte feststellen, daß es der Welt nicht seinen Kalender des Geschehens aufdrängen konnte, sondern im Gegenteil der Zeitrechnung der Welt unterworfen blieb.

Damals schrieb ich, selbst Beteiligter, nämlich Mitglied der Kommission in Brüssel mit Verantwortung für die Außenbeziehungen, ein paar böse Artikel in der *Zeit* unter dem Pseudonym »Wieland Europa«. Sie beschrieben den jammervollen Zustand der Gemeinschaft, die teure und zugleich absurde Agrarpolitik, die Impotenz der Institutionen, die Ziellosigkeit des Unternehmens Europa. Damals forderte ich zum ersten Male ein Zweites Europa, das auf gemeinsamen Interessen und auf Koordination beruht. Für einen EG-Kommissar war das alles nicht sehr ziemlich. In Kommission und Parlament wurde ich denn auch auf die Anklagebank versetzt. In einer dramatischen Stunde des Europäischen Parlaments hatte nur der italienische Kommunist D'Angelo Santi ein paar gute Worte für mich übrig.

Aber nachher kamen dann alle und flüsterten mir zu, daß ich natürlich recht hätte mit meiner Analyse.

Lieber hätte ich nicht recht behalten. Tatsächlich kam alles noch schlimmer. Gegen Ende der siebziger Jahre war die Europäische Gemeinschaft eine Gruppierung zum Teil unwilliger Mitglieder, ohne Ziel, mit einem undurchschaubaren Durcheinander von Institutionen und zu allem Überfluß einem direkt gewählten Europäischen Parlament ohne Funktionen und Kompetenzen. Schlimmer noch, die Unfähigkeit der Gemeinschaft, sich von innen heraus zu verändern, wurde immer deutlicher. Selbst wo alle sich einig waren, daß Veränderung nötig ist, gelang und gelingt diese nicht. So gibt jedermann zu, daß das System der eigenen Einnahmen zu Ungerechtigkeiten führt, daß es Schwache übermäßig und Starke zu wenig belastet. Auch sind mancherlei Pläne für eine langfristige Korrektur solcher Ungerechtigkeiten entworfen worden. Aber irgendwo bleiben diese Pläne immer im Sande stecken: im Ministerrat, bei seinen Ständigen Vertretern, sogar im Parlament und im Europäischen Rat der Staats- und Regierungschefs.

Die Bilanz der europäischen Kooperation in den frühen achtziger Jahren ist bitter. Keine Institution der Gemeinschaft funktioniert. Der Kommission fehlt die Legitimationsbasis für ihre Vorschläge. Der Ministerrat ist eher ein Verhinderungs- als ein Entscheidungsinstrument geworden. Das Parlament hat keine Funktionen. Keine Politik der Gemeinschaft funktioniert. Die Gemeinsame Agrarpolitik, die über zwei Drittel des Gemeinschaftshaushalts auffrißt, ist nur noch insofern gemeinsam, als alle Agrarminister sie ergiebiger finden als Versuche, von ihren nationalen Finanzminister-Kollegen Mittel zu kriegen. Der Gemeinsame Markt wird an allen Ecken und Enden angefressen. Regional- und Sozialpolitik sind nie richtig in Gang gekommen. Die Entwicklungspolitik konkurriert mit nationalen Politiken, wenn schon nicht europäische Projekte selbst unter einer französischen Flagge eingeweiht werden. Und wenn Ministerräte einmal von den wirklich brennenden Problemen reden, dann stellen sie alsbald fest, daß sie gemeinsam nichts zu ihrer Lösung tun können oder wollen.

Und dieses Europa soll der Ort sein, an dem das deutsche Interesse verwirklicht wird? Die Antwort lautet ja, wenngleich es ein zögerndes, schwieriges, von Zweifeln begleitetes Ja ist.

Erstens ist die Bilanz der europäischen Errungenschaften noch unvollständig. Das Glas, das halb leer ist, ist auch halb voll. Was vom Gemeinsamen Markt existiert, ist immer noch besser als der handelspolitische Kampf aller gegen alle. Die Handelspolitik nach außen entspricht den Erwartungen der Welt. Die Entwicklungspolitik ist zumindest im Ansatz genau das, was nur Europa leisten kann. Ansätze einer Industriepolitik beginnen in der Europäischen Gemeinschaft zu entstehen, ohne daß irgend jemand sich durch sie in seinen ordnungspolitischen Vorlieben angegriffen fühlte.

Vor allem aber hat es Fortschritte am Rande der Institutionen der Europäischen Gemeinschaft gegeben, dort, wo man zwar Mitglied sein muß, um dabei zu sein, wo aber die Verträge von Rom und Paris nichts mehr sagen. In mancher Hinsicht hat die Europäische Politische Zusammenarbeit (EPZ), also der Versuch der Koordination der Außenpolitik, nur symbolische Bedeutung; immerhin ist sie ein wichtiger Beginn auf dem richtigen Wege. Noch reicht die EPZ nur zögernd in die Sicherheitspolitik hinein; aber Anfänge gibt es auch dort schon. In der Währungspolitik hat sich eine stille Zusammenarbeit zwischen den Zentralbankgouverneuren entwickelt, die sich regelmäßig in der Bank für Internationale Zusammenarbeit in Basel treffen und dort voneinander lernen.

In vielen Bereichen der Politik hat sich das entwickelt, was Andrew Shonfield einmal *the habit of co-operation* nannte, also die Gewohnheit der Zusammenarbeit. Es fällt Ministern, aber auch Unternehmern und Wissenschaftlern, Beamten und Verbandsfunktionären nicht mehr schwer, mit ihren europäischen Kollegen zusammenzuarbeiten. Allmählich entsteht ein Netzwerk der realen Zusammenarbeit, das viel haltbarer scheint als alle Versuche, aus dem Artikel 235 des Römischen Vertrages neue Politiken herauszuzaubern.

Auf die Wirklichkeit baut die Notwendigkeit; von ihr nimmt die Möglichkeit ihren Ausgang. Es war nicht obenhin gesagt, wenn wir davon sprachen, daß in wichtigen Bereichen des Handelns Souveränität nur noch gemeinsam ausgeübt werden kann. Dazu gehört die Außen- und Verteidigungspolitik, die Handelspolitik (der Gemeinsame Markt), die Währungspolitik, dazu gehören auch Aspekte der Forschungs- und Technologiepolitik.

Vielleicht sollte man das noch genauer formulieren. Es gibt ein europäisches Interesse, das heißt ein Interesse der Europäer, Dinge gemeinsam zu tun, weil keiner sie allein tun kann. Zu diesem europäischen Interesse gehört vor allem dreierlei. Erstens die Fragen, die nur Europa beantworten kann. Dazu zählt die Entwicklungspolitik. Mancher würde auch wichtige Aspekte der Außenpolitik einschließen. Dann aber gibt es Fragen, die an sich in größeren Zusammenhängen gelöst werden und auch gelöst werden müssen, bei denen aber die europäische Stimme in diesen größeren Zusammenhängen zählt. Das gilt für die Verteidigungspolitik und für Europas Stimme in der westlichen Allianz. Und drittens ist die Unvollkommenheit der Weltordnung, ja ihr Kollaps in den siebziger Jahren zu bedenken. Europa muß bestimmte Fragen gleichsam stellvertretend für eine unordentliche Welt beantworten. Dazu gehört typisch die Währungspolitik. Das Europäische Währungssystem ist ein mühsamer Ersatz für ein nicht vorhandenes Weltwährungssystem. Als solches ist es wünschenswert, aber auch Ausdruck einer internationalen Verlegenheit.

Dem Leser werden vor allem die Fragen auffallen, die hier nicht erwähnt worden sind, Arbeitslosigkeit und Inflation zum Beispiel. Auch von Wachstum war nicht die Rede. Das ist kein Zufall. Nicht alle Probleme, die in jedem europäischen Land existieren, verlangen schon darum nach einer europäischen Lösung. Vergessen wir nie: Die größere Einheit tritt immer nur subsidiär in Aktion. Gewiß leisten die erwähnten Politiken einen Beitrag dazu, die Rahmenbedingungen zu schaffen, unter denen wenigstens etwas Wachstum möglich bleibt. Vielleicht führen sie sogar dazu, daß Arbeitslosigkeit und Inflationsrate sinken. Aber das ist nicht ihr direktes Ziel. Hier bleibt viel Raum für die Konkurrenz zwischen Nationen, Regionen, Unternehmen. Vergessen wir nicht, daß hier von einer liberalen Politik die Rede ist: soviel Dezentralisierung wie möglich, soviel Zentralisierung wie nötig. Es wird nicht alles dadurch gut, daß es europäisch getan wird. Nur das sollte europäisch getan werden, was dort allein richtig aufgehoben ist. Das ist schon genug.

Es gibt also ein europäisches Interesse. Das ist übrigens ein Interesse, das weit über die Mitgliedsstaaten der Europäischen Gemeinschaft hinausreicht. Die EG-Mitgliedsstaaten haben eine schwierige Stellvertreterfunktion. Sie müssen europäisch handeln, ohne diejenigen, die nicht zu ihnen gehören können oder wollen, zu Satelliten zu machen. Das kleine Europa der Europäischen Gemeinschaft ist jedenfalls nicht das ganze Europa. Aber es ist das organisierte Europa und insofern der Inbegriff des europäischen Interesses.

Bleibt die Frage: Wie lassen sich die verharzten Institutionen des Ersten Europa so auflockern, daß sie das europäische Interesse nicht nur repräsentieren, sondern vorantreiben? Das ist eine Aufgabe, an der mancher zu zweifeln beginnt. Man sieht zwar, was am Ende des Prozesses stehen wird; aber man sieht den Weg nicht, der dahin führt. Am Ende des Prozesses steht ohne Zweifel ein Europäisches Parlament, in dem alle Fäden der Kooperation zusammenlaufen. Zugleich steht dort eine institutionell gefaßte Kooperation in allen europäischen Themenbereichen. Sie wird vielleicht durch eine vom Parlament gewählte Kommission vertreten, die in streitbarer Beziehung mit dem Ministerrat die Dialektik von europäischem und nationalem Interesse repräsentiert. Am Ende des Weges steht ein Drittes Europa. Aber das ist ein Thema, das zu verfolgen sich kaum lohnt: Warum Utopien in die Papiere diverser privater und öffentlicher Organisationen schreiben, wenn doch klar ist, daß sie Utopien bleiben, weil niemand weiß, wie er das heutige, das erstarrte Europa wieder loswerden soll?

Es gibt eine Antwort auf diese Frage. Sie ist für die Europäer der ersten Stunde schockierend, und doch sind gerade sie es, die diese Antwort geben. Sie lautet, daß man zu den Ursprüngen des europäischen Einigungsprozesses zurückkehren muß, zum Verhältnis von Deutschland und Frankreich. Fortschritte wird es nach dieser Auffassung nur geben, wenn Deutschland und Frankreich gleichsam ein neues Bündnis wechselseitiger Interessen schließen. Die beiden Kernländer aller Formen der europäischen Kooperation müssen sich daran erinnern, daß ihre Gemeinsamkeit Bedingung der Möglichkeit aller europäischen Fortschritte ist. Deutschland und Frankreich brauchen ein gemeinsames Programm der Re-Industrialisierung, auch eines der Umweltpolitik; sie brauchen eine gemeinsame Haltung in der Sicherheitspolitik. Die beiden Länder müssen wieder, und dieses Mal auf eine viel realere Weise als in der Kathedrale von Reims, zueinanderfinden.

Der Gedanke ist schockierend, weil ein Grundsatz der europäischen Zusammenarbeit, ja ein Element ihrer Stärke immer darin bestand, daß jedes Land, gleich wie groß oder klein es sein mag, ebensoviel gilt wie jedes andere. Daran darf sich auch in Zukunft nichts ändern. Dennoch brauchen große politische Prozesse manchmal eine Lokomotive, einen Antrieb. Ein solcher Antrieb wird nicht aus den Institutionen der Europäischen Gemeinschaft, auch nicht aus dem Europäischen Rat kommen. Ihm fehlen überdies weniger die Ideen als der politische Wille. Darum hat es Sinn, eine neue deutsch-französische Initiative zu fordern.

Und noch aus einem anderen Grunde. In dieser Schrift geht es um die Zukunft des Liberalismus, vor allem des deutschen Liberalismus. Der deutsche Liberalismus hat eine scheckige Geschichte, was sein Verständnis der Notwendigkeit der gemeinsamen Ausübung von Souveränität angeht. In ihm gab es manche, die deutsche Vorherrschaft in Mitteleuropa suchten, andere, die Deutschland auf eigenen Wegen in die Zukunft gehen sehen wollten. Der Vertrag von Paris, der die Europäische Gemeinschaft für Kohle und Stahl begründete, ist gegen die Stimmen der Liberalen ratifiziert worden; und auch in der Bundestagsdebatte über die Ratifizierung der Römischen Verträge war Walter Scheel mit seinem Europäertum noch die Ausnahme, nicht die Regel. Heute bedarf diese scheckige Geschichte der Korrektur. Für die Zukunft sind eindeutigere Farben nötig.

Das bedeutet nicht die Abkehr von nationalen Interessen. Es war keine Phrase, wenn am Beginn dieses Abschnitts vom »deutschen Interesse« die Rede war, also vom nationalen Interesse in eben dem Sinn, in dem Waldemar Besson das Wort *(national interest)* aus dem Angelsächsischen in die deutsche Terminologie eingeführt hat. Deutschland hat ein eigenes Interesse, nach innen wie nach außen. Der ständige Blick über den Eisernen Vorhang ist nur ein Beispiel für dieses deutsche Interesse. Die Wiedervereinigung ist kein leeres Verfassungsgebot. In mancherlei Hinsicht verlangt dieses eigene Interesse von Deutschland auch eigenes Handeln. Die Generation, der ich angehöre und die nicht mehr durch die Ketten der deutschen Vergangenheit am selbstbewußten Handeln gehindert wird, darf nicht zögern, dieses spezifisch deutsche Interesse auch in die Bündnisse einzubringen, in denen die Bundesrepublik steht. Die Realisierung des deutschen Interesses verlangt heute diese Bündnisse. Sie verlangt insbesondere ein starkes Europa. Deutschland wird weder Wohlstand nach Sicherheit auf die Dauer behalten können, wenn es nicht seine Souveränität gemeinsam mit seinen europäischen Partnern ausübt. Darum ist der Neubeginn so wichtig, der immer nicht stattfindet und der doch bald stattfinden muß. Darum hat Deutschland eine europäische Funktion.

Deutschstunde für Politiker

*Wir brauchen eine
neue öffentliche Sprache.*

Schon bei der Erörterung innenpolitischer Themen, aber mehr noch bei der Behandlung außenpolitischer Fragen, gerät man leicht in Gefahr, die gängigen Phrasen der Bonner Politik zu verwenden. Nicht daß sie gängig sind, macht sie schlecht. Aber es hat sich eine teils scheppernde, teils gestelzte Sprache eingebürgert oder vielmehr »eingepolitikert«, die den Bürger abstößt. Sie stößt ihn im Wortsinn ab, weil sie ihm nicht verständlich ist. Am Ende werden sogar gute Wörter wie Frieden und Freiheit unerträglich. Die Sprache der Politiker selbst wird zur Ursache der Entfremdung von den Bürgern.

Das haben die Grünen begriffen. Ein Teil ihrer Attraktivität liegt in der unbefangenen Art, in der sie über die geheiligten Themen der Politik sprechen. Ihre Zeitungen liefern dafür Beispiele. Statt eine Gegendarstellung (nach dem Hamburgischen Pressegesetz vom ...) zu veröffentlichen, entschuldigen sie sich, wenn sie sich geirrt haben. Sie nennen Dreck Dreck, fadenscheinige Argumente fadenscheinige Argumente und Lügen Lügen. Welch ein Wunder! Die Leute nehmen ihnen das ab. Sie fangen auf einmal an zu verstehen, wovon die Rede ist.

Es gibt viele politische Sprachen in der Welt. Eine ist die starre, vollständig ritualisierte Sprache der Sowjets, eine andere die trotz aller Regeln und Gebräuche höchst unbefangene Sprache des britischen Unterhauses. In der Sowjetsprache ist schon die Reihenfolge der Vokabeln wichtig. Freiheit und Frieden sind etwas fundamental anderes als Frieden und Freiheit. Manchmal, zum Beispiel bei Diskussionen über die Deutschlandpolitik, hat man den Eindruck, daß ähnliches auch in Bonn gilt. Weh dem, der schlicht sagt, was er denkt! Die Aufnahme in die Loge der Bonn-Sprecher ist Voraussetzung der Anerkennung – in Bonn; denn sie ist zugleich der Grund für die Entfernung der Bonner Politik von der Wirklichkeit.

Es gehört in dieses Kapitel, daß Vokabeln, Formulierungen eine besondere Rolle spielen. Statt zu sagen, daß die DDR ein Staat der Unfreiheit ist, wird sie in Anführungsstriche gesetzt; dann kann man sogar sagen, daß die Dinge in der »DDR« langsam besser werden. Jeder, der internationale Konferenzen besucht, hat schon hinter einem Schildchen mit der Aufschrift »BRD« oder »FRG« (*Federal Republic of Germany*) oder »RFA« (*République Fédérale d'Allemagne*) gesessen, allesamt natürlich ohne Anführungsstriche; aber in der Bundesrepublik selbst gilt bei manchen der Gebrauch der Abkürzung BRD geradezu als Landesverrat. Was sollen da die Briten sagen, mal England (trotz der Schotten und Waliser), mal GB, mal UK? Gar nichts; denn es schert sie nicht. Solange die Sprache beschreibt, was sie beschreiben soll, tut sie ihre Pflicht.

Lassen wir uns also nicht irremachen. Wer BRD sagt, hat die Freiheit nicht verraten. Wer die DDR von ihren Anführungsstrichen befreit, hat ihr unerträgliches System nicht anerkannt. Wer von zwei deutschen Staaten spricht, hat nur eine Realität beschrieben. Gewiß, man sollte genau sein. Ein »Berufsverbot« ist es nicht, wenn jemand wegen des Radi-

kalenerlasses nicht als Beamter eingestellt wird; Berufsverbot war es, wenn Anwälten die Ausübung ihres Berufes ver-
boten wurde, weil sie Juden waren. Linke wie Rechte benutzen in Deutschland eine Formelsprache, so wie junge und
nicht junge Leute Plaketten mit der Aufschrift »Strauß raus«
an ihre Jeans-Jacken stecken statt zu argumentieren. Der
Verlust der Sprache ist allgemeiner als die Verharzung der
Bonn-Sprache allein.

Die Erstarrung der Sprache zum Formel-Ritual ist verräte-
risch. Sie zeigt deutlicher als alles andere, daß etwas faul ist
im Staate Dänemark. Man kann sich nicht mehr verständi-
gen, will es vielleicht auch gar nicht. Daher bleibt jeder da,
wo er ist – in seiner Sprach-Loge. Die Logen stehen sich
gegenüber, mit einem weiten Abstand zwischen ihnen. Man
zeigt immerfort, daß man miteinander nicht reden will. Weh
dem Innenminister, der sich mit einem früheren Terroristen
zusammensetzt, und sei es auch in einer Zeitschriftenredak-
tion! Manchmal werde ich auf die Diskussion angespro-
chen, die ich mit Rudi Dutschke auf dem Dach eines Fern-
sehwagens vor der Freiburger Stadthalle 1968 geführt habe.
Es war nach Lage der Dinge nicht gerade eine sehr subtile
Diskussion. Auch war ich im Vorteil, weil Dutschke es eilig
hatte und zu einer anderen Versammlung mußte. Aber nicht
deshalb erwähne ich das Beispiel hier. Vielmehr haben mich
manche wegen dieser Diskussion für einen halben Terroristen gehalten. Schon die Berührung gilt als gefährlich. Nun
habe ich in der Tat immer Respekt vor Dutschkes Humanität gehabt; aber die Diskussion fand doch statt, weil wir
ganz verschiedener Meinung waren – ich der »Fachidiot der
Politik«, er der »Fachidiot des Protestes«.

Daß Sprache zur Abgrenzung, zur Etikettierung benutzt
wird, heißt auch, daß sich nichts bewegt. So manches Mal,

wenn ich eine Bundestagsdebatte am Fernsehgerät verfolgt
habe, war ich in Versuchung, in das Hohe Haus einzudrin-
gen und Regierungspomp ebenso wie Oppositionsinvekti-
ven beiseite zu wischen: »Herr Präsident, meine Damen und
Herren! Was hier gesagt wird, hat nichts, aber auch gar
nichts mit dem zu tun, was Menschen wissen wollen. Sie
interessieren sich weder für das aufgeplusterte Geschwätz
der Herren auf der Regierungsbank noch für die eher billi-
gen Beschimpfungen derer auf den Oppositionsbänken.«
Noch spürt man die Erleichterung, die durch das Land ging,
als Hildegard Hamm-Brücher erklärte, warum sie den
Wechsel der FDP zur CDU/CSU nicht mitmachen konnte.
Aber sie war eine Ausnahme. Überhaupt waren die beiden
Tage der konstruktiven Mißtrauensvoten von 1972 und
1982 Ausnahmen. Nach ihnen schloß sich der Horizont
rasch wieder, und das alte Kasperlespiel ging weiter.

Fast wünscht man sich, daß die Grünen in jedes Parlament ein bißchen frischen Wind brächten. Damit sind weniger die Turnschuhe gemeint, in denen sie kommen; auch
nicht ihre Jeans und offenen Kragen. Das sind nur Unifor-
men an Stelle von Argumenten. Wohl aber sind die unbefangenen Fragen und Stellungnahmen gemeint, die so eigen-
tümlich in den Hohen Häusern widerhallen. Noch besser
wäre es natürlich, wenn sie aus liberalem Munde kämen.
Wird das einmal geschehen?

Mehrfach ist uns bei der Inspektion der politischen Ziele
eines Liberalismus der Zukunft das beunruhigende Phänomen begegnet, daß Experten und Bürger zwei verschiedene
Sprachen sprechen. Das ist etwas anderes als die Verharzung
der Formelsprachen und die fehlende Bereitschaft zur Verständigung. Zuweilen machen Experten den durchaus ernst-
haften Versuch, die Notwendigkeit der Stationierung von

Marschflugkörpern *(cruise missiles)* zu begründen; und ihre Zuhörer versuchen auch durchaus, das zu verstehen. Aber am Ende sagen die Zuhörer doch: »Und wie erkläre ich meinen Kindern, daß sie nicht am Marsch der Friedensbewegung auf Bonn teilnehmen sollen?« Und die Experten verzweifeln, wenn sie nicht ihrerseits unversehens ausrutschen und entgegnen: »Aber wissen Sie denn nicht, daß die Friedensbewegung von Moskau gesteuert wird?« Womit der erfolglose Dialog von Experten und Laien in den noch verderblicheren von Gehörlosen verwandelt wäre.

Die Antwort auf die zugrunde liegende Frage ist nicht einfach. Auch wenn moderne Politiker es dem großen britischen Liberalen des 19. Jahrhunderts, Gladstone, nachtäten und stundenlang über ferne Länder zu ihren Wählern redeten, würden sie wahrscheinlich die fehlende Brücke zwischen Fachkenntnis und einfacher Emotion nicht schlagen. Daß dies dennoch versucht werden muß, liegt auf der Hand. Erklären ist eine der großen Aufgaben des Experten, auch des Politikers. Der Politiker, der sich beklagt, daß er achtzig Prozent seiner Zeit damit »vergeude«, den Leuten offenkundige Dinge auseinanderzusetzen, hat seinen Beruf verfehlt.

Aber die Lücke bleibt. Und sie ist gefährlich. Noch ein Beispiel soll das verdeutlichen. Die Eigentümer von Kernkraftwerken und die Regierungen, die Baugenehmigungen erteilen, sagen gerne, alle nötigen Sicherheitsvorkehrungen seien getroffen (»Kernkraftwerke sind im Grunde sicherer als Kohlekraftwerke«). Kernkraftgegner behaupten konstant, alle Kernkraftwerke seien mörderisch und daher unvertretbar. Das absolute Gegenüber, wiederum die fehlende gemeinsame Sprache, hat aber nur ein Resultat: Statt Mittel und Wege zur Erhöhung der Sicherheit von Kern-

kraftwerken zu suchen, geht es um Ja oder Nein. Da die
Mächtigen auf der Seite des Ja stehen, werden Kernkraftwerke gebaut, ohne daß alle nötigen Sicherheitsvorkehrungen getroffen werden. Die Absolutheit des Widerstandes
verhindert das Mögliche. Wir tun zu wenig, weil zu unein-
geschränkt alles gefordert wird. Das ist ein hoher Preis.

Wiederum stellt sich die Frage: Gibt es einen Ausweg? Ein
John-Stuart-Mill-Liberaler, der an den gesunden Menschenverstand aller glaubt, zögert, Experten irgendwelche Vor-
rechte einzuräumen. Dennoch gibt es eine besondere Aufgabe in der modernen Welt, nämlich die Aufgabe der Ver-
mittler, also derer, die die technischen Details verstehen,
zugleich aber einen Sinn für die, sagen wir, moralischen
Probleme haben, die sich um diese technischen Details ran-
ken. Natürlich sind auch die Carl Friedrich von Weizsäckers
oder Lord Zuckermanns oder Professor Oppenheimers
immer wieder in Versuchung, auf die eine oder andere Seite
zu rutschen. In der Tat sind sie ja sämtlich von einer Seite,
nämlich der der Entwicklung nuklearer Waffen, gekommen.
Dennoch ist ihre Vermittlungsfunktion heute wichtig. Ihnen
genau zuzuhören lohnt sich in einer Zeit, in der sich eben
nicht mehr alle Fragen in einfache Entscheidungsalternati-
ven übersetzen lassen.

Das ist zögernd gesagt, auch ohne große Befriedigung. Es
läßt Fragen offen, in diesem Fall Fragen einer Sprache, die es
nicht zu geben scheint, der Brückensprache zwischen Expertise und gesundem Menschenverstand.

Noch ein letztes Wort ist in diesem Feuilleton mit tieferem
Hintersinn angebracht. Die öffentliche Sprache der Bundesrepublik ist die deutsche Sprache; sie sollte es zumindest
sein. Das ist kein Versuch, das deutsche Gegenstück zum
Franglais, also zur Vermischung des Französischen mit eng-

lischen Wortfetzen, zu attackieren. Alternative, Kooperation, Attacke, Republik, Expertise und andere Wörter, die in den letzten Absätzen vorkamen, sind durchaus vertretbar. Das sogenannte reine Deutsch, für das manche kämpfen, ist oft fade und nicht gerade lebendig. Dennoch gehört zur öffentlichen Sprache eine Verantwortung für die Sprache. Es gibt so etwas wie gutes Deutsch, und es gibt ganz sicher schlechtes Deutsch. Neben dem gestelzten Gehabe der einen ist das scheppernde Gerede der anderen schwer erträglich. Der bayerische Kultusminister Hans Maier, der unter allen deutschen Politikern wohl das gepflegteste Deutsch spricht, hat das in einer kleinen Schrift über »Die Sprache des Politikers« einmal ausdrücklich verteidigt. Er hat recht. Es ist wichtig, daß sich diejenigen, die zusammen mit Journalisten und Künstlern, mit Wissenschaftlern und Autoren jeder Art die öffentliche Sprache eines Landes prägen, ihrer Verantwortung bewußt sind. Sprache muß klar sein, muß Inhalte haben, muß formbewußt sein, und sie muß der Verständigung dienen, ohne die wir dem ehernen Gehäuse der Experten und der Mächtigen rettungslos ausgeliefert sind.

Die liberalen Wähler

*Tief im Innern von zehn bis fünfzehn
Prozent aller Bürger der Bundesrepublik
steckt nach wie vor ein Liberaler.*

Wer soll den Liberalismus von morgen tragen? Wer soll die
neue Sprache sprechen? Wer soll die radikale Freiheit des
»Weniger Staat!« mit dem Sinn für Deutschlands europäische Mission verbinden? Früher war es leicht zu sagen,
woher diejenigen kommen, die eine liberale Position vertreten. Es waren Selbständige, Bürger also, die auf eigenen
Füßen standen und den Staat nicht brauchten. Dann waren
es die neuen Selbständigen, die sich auf ihr Können und
Wissen verlassen konnten, auch wenn sie in abhängiger Stellung tätig waren. Die Selbständigen sind indes schon lange
ängstlich geworden. Sie rufen nach staatlicher Hilfe und
bekommen sie auf mancherlei Wegen. Und die neuen Selbständigen sind inzwischen auch ängstlich geworden. Als
Beamte oder öffentliche Angestellte können sie sich noch
eine begrenzte Unabhängigkeit leisten; aber sonst ist die
Sorge um die eigene Zukunft oft größer als die Bereitschaft
zu selbstbewußtem Handeln. Dies sind eben schlechte Zeiten für Liberale.

Ein Jahrhundert lang ist die politische Entwicklung der
Industriestaaten durch den Kampf der Lohnabhängigen um
Bürgerrechte geprägt worden. Dabei waren die Lohnabhängigen nur die Sprecher aller anderen Abhängigen, der Landarbeiter, der Büroangestellten, der Frauen. Nicht zufällig

waren Liberale die ersten Sprecher dieser zukunftsträchtigen Gruppen. Die Gleichheit vor dem Gesetz und das allgemeine und gleiche Wahlrecht sind vor allem liberale Errungenschaften. Erst die Ergänzung dieser formalen Rechte durch einen sozialen Unterbau – damit die eigentliche Erfüllung der Staatsbürgerrechte – ist vor allem das Werk sozialistischer Parteien. Manche Liberale haben dabei mitgewirkt; viele haben das Resultat erst akzeptiert, als es schon da war. Das Freiburger Programm der FDP ist dafür ein Beispiel.

Der Prozeß der Realisierung der Staatsbürgerrechte hat die sozialen Grundlagen politischer Auseinandersetzungen von Grund auf verändert. Das Marx'sche Bild der zwei Klassen stimmte nie ganz. Die Verfechter des Status quo waren immer eine höchst bunt gemischte Schar; und die Advokaten des Wandels waren keineswegs nur Arbeiter. Zudem wurden die neuen Klassenstrukturen der industriellen Welt überall durch ältere Strukturen überlagert – durch die Feudalherren etwa, die in der Abhängigkeit ihrer Beschäftigten auch eine Verantwortung für deren Leben sahen, oder durch selbständige Landwirte und Handwerker, die am kapitalistischen Prozeß nur am Rande teilnahmen. Daß es keineswegs nur revolutionär-sozialistische und reaktionär-konservative Parteien gab, war Ausdruck der Komplexität der sozialen Strukturen der Politik.

Diese Komplexität wurde weiter verstärkt, als in den zwanziger Jahren unseres Jahrhunderts der »neue Mittelstand« von Angestellten und Beamten zu wachsen begann. E. Lederer und J. Marschak gaben der Schicht diesen Namen; Theodor Geiger war der erste, der die politischen Vorlieben dieser zunächst fünf, später zehn, ja fünfzehn und zwanzig Prozent aller Beschäftigten untersuchte. Schon vor der Machtergreifung Hitlers sah er den Zusammenhang zwischen diesem desorientierten neuen Mittelstand und dem Nationalsozialismus mit seiner eigentümlichen Mischung von alt und neu, von konservativen und sozialistischen Elementen. Was immer marxistische Autoren bis zum heutigen Tage behaupten, was immer auch das verwirrende Wort »Arbeitnehmer« an Gemeinsamkeiten der sozialen Lage nahelegt, die Entstehung des neuen Mittelstandes markierte das Ende des Klassenkampfes à la Marx (wenn es diesen je in seiner reinen Form gegeben hat).

Für die Liberalen bedeuteten diese sozialen Prozesse schwierige Wandlungen. Der Liberalismus der selbstbewußten Handwerker, Kleinunternehmer, Landwirte, der Anwälte und Professoren ging spätestens mit dem Ersten Weltkrieg zu Ende. Der vorübergehende Erfolg der beiden liberalen Parteien in der Weimarer Republik war mehr Nachhall als Stimme der Zukunft. Es war übrigens ein Nachhall, der nur sehr bedingt von liberalen Politikern im hier erörterten Sinne begleitet wurde. Nach 1928 folgte der Niedergang der Liberalen dem der Schichten, die sie in der Vergangenheit unterstützt hatten. Der neue Mittelstand hatte sein Selbstbewußtsein noch nicht gefunden; die Wirtschaftskrise machte die Suche danach nicht leichter.

Die fünf letzten Reichstagsabgeordneten der Deutschen Demokratischen Partei (die sich seit 1930 Staatspartei nannte), gewählt am 5. März 1933, gingen nicht zufällig später sehr verschiedene Wege: Hermann Dietrich, 1928 bis 1930 Reichsernährungsminister, bevor er 1930 Reichswirtschafts- und dann (bis 1932) Reichsfinanzminister wurde, war 1946/47 Vorsitzender des Zwei-Zonen-Ausschusses für Ernährung und Landwirtschaft; er starb 1954. Theodor Heuss zog nach wie vor das liberale Bildungsbürgertum an; Reinhold Maier blieb dagegen der Anwalt der Besitzbürger, wie sie vor allem im Schwäbischen immer zahlreich waren; Heinrich Landahl ging zu den Sozialdemokraten, Ernst Lemmer zur Christlich-Demokratischen Union.

Nach dem Zweiten Weltkrieg veränderte sich in Deutschland eher noch schneller als in vergleichbaren Ländern die Struktur der sozialen Klassen. Der politische Zusammenbruch war auch ein Zusammenbruch der alten Klassen. Gewiß gab es bald wieder Reiche und weniger Reiche und gewiß auch Arme. Aber die alten Schichten bildeten sich nicht wieder, geschweige denn wurden sie zu Klassen mit einer klaren politischen Position. Vielmehr entstand auch in Deutschland jene schwer beschreibbare Konstellation, in der die Mehrzahl der Menschen keine klare Klassenposition mehr hat. Immer mehr Menschen waren als Gewerkschafter für Lohnerhöhungen, aber als Konsumenten für das Maßhalten, als Katholiken gegen die Abtreibung, aber als moderne Menschen für mehr Wahlfreiheit. Immer mehr Menschen fanden sich nicht nur in einer einzigen, für ihr politisches Verhalten relevanten Position, sondern in mehreren. Mancher, der im Beruf eine untergeordnete Position einnahm, hatte eine herausgehobene im Sportverein oder auch in einer politischen Partei. Es gab zwar noch Klassenpositionen, aber immer weniger Menschen, die diese durchgehend einnahmen. Die Klassenlage des Einzelnen wurde mehr und mehr zum Vexierbild: Aus verschiedenen Perspektiven zeigten sich sehr verschiedene Gestalten.

Das ist der soziale Hintergrund für die Tatsache, daß die Parteien begannen, ihre Stammwähler zu verlieren. Immer mehr Wähler fanden es möglich, ihre Stimme bei einer Wahl der einen, bei der nächsten Wahl einer anderen Partei zu geben. In gewisser Weise wurden alle Wähler Situationswähler. Die beiden großen Parteien drangen systematisch in die Hochburgen der jeweils anderen ein; und die FDP holte ihre Wähler, wo sie sie finden konnte. Mal waren es mehr, mal weniger; von eigentlichen Stammwählern konnte nicht mehr die Rede sein.

Dies war die Zeit, in der die FDP begann, auf die mündigen Bürger zu bauen. Gewiß versuchte sie, gegenüber den Selbständigen, den Landwirten und den Beamten eine freundliche Position einzunehmen, weil sie davon ausging, daß das ihre traditionellen Wählergruppen sind. Aber so genau hat das niemand geprüft, wollte es auch wohl niemand prüfen. Die Selbstbewußten der sechziger Jahre waren eine durchaus heterogene Menge von Menschen: Angestellte mit besonderen Fachkenntnissen, Mitglieder freier Berufe, zu Selbstbewußtsein im engeren Sinn erwachte Frauen, ideologisch unorthodoxe junge Leute, sicher auch Selbständige im traditionellen Sinn – sämtlich Menschen, deren Verhalten nicht von der Sorge um ihre Zukunft, sondern vom Wunsch nach einer besseren Zukunft durch liberale Reformen getragen wurde.

Dann begannen die großen Veränderungen, die die Gegenwart und auf absehbare Zeit wohl auch die Zukunft bestimmen. Nach den Selbständigen wurden die Arbeiter, in gewissem Maße die Arbeitnehmer eine absteigende soziale Schicht. Insbesondere die Arbeiterschaft schrumpfte an Zahl und an Zukunftshoffnungen. Aber auch die Expansion der Angestelltenschaft und insbesondere des Dienstleistungsbereiches ging nicht unbegrenzt weiter. Nicht nur die Banken leiden unter dem sozialökonomischen Klima, sondern auch *Silicon Valley,* das Tal der Mikroprozessoren-Produzenten in Kalifornien, und vom Tourismus bis zur Kraftfahrzeugindustrie, die auf den Kauf des Zweitwagens gesetzt hatte, leiden viele andere Bereiche an den Folgen. Das schlägt sich im Sozialverhalten der Menschen nieder. Es ist eine der

Grundlagen für die Veränderungen in den politischen Präferenzen der Wähler und auch in den Programmen der politischen Parteien, die wir heute erleben. Es ist die Grundlage der Angst.

Das ist allerdings nur ein Aspekt der Entwicklungen der letzten Jahre. Es gibt neue Gruppen, die zumindest ihren Ärger über die bestehenden Verhältnisse, wenn nicht ihre längerfristigen Interessen in das politische System einbringen. Das ist am offenkundigsten der Fall bei der Jugend ohne Zukunft und bei ihren Sprechern, den Lehrern. Der Lehrersozialismus, sei er rot oder grün, ist eines der neuen und zukunftsträchtigen Phänomene der Politik aller entwickelten Gesellschaften. Er ist radikal in seiner Kritik bestehender Verhältnisse. Antikapitalismus, Kulturpessimismus, Demokratiekritik, Gleichheitssehnsucht, Pazifismus und andere Elemente gehen in dieser Position eine explosive Mischung ein. Man muß gewiß nicht davon ausgehen, daß die etwa zehn Prozent aller Wahlberechtigten, die ganztägig in Bildungseinrichtungen tätig sind, alle einem solchen Lehrersozialismus huldigen; aber der Anteil, für den das gilt, ist doch groß, und vor allem handelt es sich um eine aktive Gruppe. Sie ist drauf und dran, die Sozialdemokratische Partei zu erobern, nachdem sie die Grünen und Alternativen ohnehin schon beherrscht.

Was hier als Frage sozialer Schichten geschildert wird, sieht man in Deutschland gerne als Generationenfrage. Daran ist etwas Falsches und etwas Richtiges. Falsch ist es, alles, was junge Menschen lautstark vertreten, als Jugendposition zu interpretieren; der Lehrersozialismus ist keineswegs nur eine Position junger Leute. Richtig ist, daß die Jugend überall in der entwickelten Welt, aber insbesondere in Deutschland, eine ungewöhnliche Haltung einnimmt und sich auch in einer ungewöhnlichen sozialen Lage befindet. Es ist, als ob moderne Gesellschaften ihre Jugend nicht mehr wollen. Schulen sind langweilig und irrelevant; die Ausbildung für Arbeitsplätze ist mühsam und eröffnet wenig Hoffnungen; die Familie hält junge Leute nicht mehr und andere Ligaturen gibt es nicht... Wenn man diese Feststellungen fortführt, beginnt man zu verstehen, warum in den großen Städten mehr als die Hälfte aller Erstwähler entweder gar nicht oder nicht für eine der etablierten Parteien ihre Stimme abgeben. Auch wenn man derlei Befunde nicht übertreibt, bleibt doch die Frage unbeantwortbar, wie die deutsche Gesellschaft aussehen wird, wenn die Generation ohne Zukunft zwanzig Jahre älter geworden ist.

Junge Leute, aber auch aktive Lehrer sind vor allem ärgerlich. Beinahe ebenso ärgerlich ist eine Gruppe ganz anderer politischer Orientierung. Ich will sie im Unterschied zu den Lehrern einmal als Makler bezeichnen. Die Bezeichnung ist genauso generalisierend und im Einzelfall unvertretbar, aber auch genauso nützlich. Es gibt insbesondere in Dienstleistungsberufen eine wachsende Zahl von Menschen, die die Entwicklungen der letzten Jahrzehnte satt haben. Sie wollen, daß Menschen wieder mehr arbeiten, daß Recht und Ordnung wieder hergestellt werden, daß die Jugend wieder diszipliniert wird und etwas lernt, daß die Werte der Nation wieder anerkannt werden, kurz, daß eine extreme Form der hier als »blau« beschriebenen Politik sich durchsetzt. Wie der Lehrersozialismus baut übrigens auch der Maklerkonservatismus auf den Staat. Der Staat muß alles anders machen, die »Erblast« von dreizehn Jahren Sozialliberalismus abtragen, eine härtere Gangart anschlagen. Wir haben schon gesehen, daß es diesen neuen Radikalismus von rechts in Deutschland weniger gibt als in den Nachbarländern;

daran, daß er auch hier seine Sprecher und seine politische Chance hat, besteht jedoch kein Zweifel.

Es wäre ganz unzulänglich, von den neuen sozialen Strukturen der Politik zu sprechen, ohne eine wachsende Gruppe zu erwähnen, die zwar nicht die Zukunft bestimmen wird, die aber dennoch das Bild entwickelter Gesellschaften zunehmend prägt: das ist die »Unterklasse« (um einen amerikanischen Ausdruck zu verwenden). Zehn bis fünfzehn Prozent aller Amerikaner gehören angeblich zu jener Schicht, die ganz und gar durch das Netz des Gesellschaftsvertrages hindurchgefallen ist. Für Europa dürften diese Zahlen zu hoch gegriffen sein. Immerhin, fünf Prozent sind auch schon ein hoher Anteil. Im schlimmsten Fall handelt es sich hier nicht nur um Beschäftigungslose, sondern auch um Obdachlose. In jedem Fall handelt es sich um Sozialfälle. Häufig kommen bei Menschen dieser Gruppe mehrere Benachteiligungen zusammen: Sie sind arbeitslos plus Gastarbeiter plus unausgebildet plus vorbestraft plus krank. Die Unterklasse wird keine Revolutionen anzetteln. Sie ist das moderne Lumpenproletariat. Ihre Mitglieder wählen meist gar nicht, und wenn sie es tun, dann in überraschender Weise. Mancher Lumpenproletarier interessiert sich mehr für Recht und Ordnung als für soziale Gerechtigkeit. Aber auch wenn die Unterklasse bei allem Ärger die Welt nicht verändert, bleibt sie ein Geschwür moderner Gesellschaften, an dem deren äußerste Schwäche sichtbar wird.

Und wer wählt liberal? Das Problem der Liberalen liegt auf der Hand. Die Mehrzahl der Menschen ist ängstlich. Zwar hat sich am Vexierbild ihrer Klassenposition nichts geändert, aber im Augenblick und noch auf absehbare Zeit steht die Suche nach dem Vertrauten, dem Sicheren im Vordergrund. Das deutet politisch jedenfalls auf eine der großen

mehr oder minder sozialdemokratischen Parteien hin. Die
einen suchen sozialdemokratische Parteien für ihre Zwecke
umzukrempeln, die anderen wollen konservative Parteien
erobern. Vorübergehend mag ihnen das sogar gelingen.
Jedenfalls aber sind sie keine Liberalen. Und zu alldem
kommt nicht nur das neue Lumpenproletariat, auf dessen
Geschick niemand eine Antwort zu wissen scheint, sondern
vor allem die Jugend ohne Zukunft. Im günstigsten Fall
drückt sie ihren Ärger dadurch aus, daß sie sich mit dem
Lehrersozialismus verbündet oder eine Anti-Partei wählt. Im
ungünstigeren Fall bleibt sie eine starke Reservearmee der
Systemveränderung, und zwar einer Veränderung zur Unfreiheit.

Wer wählt also liberal? Liberale sollten sich keinen falschen Hoffnungen hingeben. Große gesellschaftliche Gruppen, die in ihrer Mehrheit eine liberale Politik nicht nur
sonntags befürworten, sondern auch mit ihrer Stimme
unterstützen, gibt es nicht. Das Allerschlimmste, was Liberale daher tun können, ist, Interessentenpolitik zu betreiben.
Im Vexierbild der politischen Klassenlage der Menschen in
Deutschland wie in anderen modernen Gesellschaften gibt
es gewiß eine liberale Gestalt. Aus einer Perspektive sind wir
alle Liberale. Nur ist es unmöglich, diese Perspektive allen
als verbindlich aufzudrängen. Die politische Klassenlage der
meisten ist eben ein Vexierbild.

Hier eröffnet sich (um das am Rande zu bemerken) eine
besondere Verantwortung der Medien in modernen Gesellschaften. Jedenfalls gilt das für Zeitungen und Zeitschriften,
denn die öffentlich-rechtlichen Medien mit ihrem Pluralismus spiegeln nur das Vexierbild der allgemeinen Haltungen.
Aber die Presse kann eine Perspektive herausgreifen, die in
vielen vorhanden ist, ohne bei der Mehrzahl zu dominieren.

Zeitungen und Zeitschriften können vollends liberal oder auch konservativ und sozialistisch sein. Sie sollten es sein, um auf diese Weise das öde Einerlei der sozialdemokratischen Welt aufzubrechen.

Aber hier ist von liberalen Wählern die Rede. Wer sind sie? Es sind Menschen aus vielen Gruppen, bei denen aus irgendwelchen Gründen die liberale Gestalt des Vexierbildes der politischen Existenz dominant geblieben ist – Menschen, die ihr Selbstbewußtsein trotz allem nicht verloren haben. Da mögen ganz persönliche Umstände eine Rolle spielen, ein Selbstbewußtsein als Person, das anderen abgeht; da mögen berufliche Erfolge mitgewirkt haben; da mag ein Schuß Weltläufigkeit seine Spuren hinterlassen haben; vielleicht handelt es sich auch nur um Menschen, denen die Angst und der Ärger der anderen zuwider sind. Sie finden die bequeme Rückkehr zum Gewohnten feige und den leeren Ärger sinnlos.

In aller Regel sind dies Menschen, die mehr über die Umstände der Zeit und unseres Landes nachgedacht haben als die meisten. Es werden übrigens auch Menschen sein, die schon einmal SPD oder auch CDU gewählt haben. Aber sie sind zu gewinnen, nicht als Stammwähler, wohl aber als immer neu zu überzeugende Wähler einer liberalen Partei. Sie sind empfindlich, vor allem wo es um Fragen der politischen Moral geht. Sie sind anspruchsvoll, wo es um Fragen der politischen Programmatik geht. Sie legen Wert auf einen politischen Stil der Wahrhaftigkeit und der Klarheit. Sie sind daher leicht zu verlieren. Die FDP hat heute die meisten von ihnen verloren. Aber tief im Innern von zehn, vielleicht fünfzehn Prozent aller Bürger der Bundesrepublik wie anderer vergleichbarer Staaten steckt nach wie vor ein Liberaler, den es herauszuholen gilt.

Die liberale Partei

*Zweiparteiensysteme haben die fatale
Tendenz zur Evakuierung der Mitte.*

Angenommen, es gäbe eine Partei des hier entworfenen
Liberalismus. Angenommen also, man würde ganz von
vorne beginnen, die Ideen eines fortschrittlichen Liberalismus für morgen in organisatorische Form zu gießen, wie
würde das aussehen? Was würde eine solche Partei tun? Wie
würde sie sich geben? Wie würde sie in die politische Landschaft passen?

Zunächst: eine Partei sollte es schon sein, keine Anti-Partei, die wie die Grünen und Alternativen operiert – eine
Gruppierung also, die gewisse absolute Werte zwar nie
vergißt, die aber die wirkliche Welt wirklicher Menschen
akzeptiert, eine gelegentlich moralisierende, immer moralische, aber zur Zusammenarbeit mit anderen bereite
Partei.

Sodann sollte diese Partei vor allem durch eine Haltung
gekennzeichnet sein. Diese Haltung ist als aktiver und materialer Liberalismus allzu abstrakt beschrieben. Es ist eine
fortschrittliche Haltung, eine, die auf mehr Lebenschancen
zielt. Es ist aber auch eine offene Haltung, die Veränderungen sucht und sich nicht in Ideologien verstrickt oder Positionen anhängt, die ihre Kraft verloren haben. Es ist eine
selbstbewußte Haltung, die Haltung von Menschen, die wissen, daß sie auch ohne große Bataillone und vor allem ohne

Patentlösungen klar und furchtlos einen Weg in die Zukunft der Freiheit finden können.

Es sollte zu allen Zeiten ein Vergnügen sein, in dieser Partei mitzumachen. Man sollte sich ihrer nicht zu schämen brauchen und nicht zähneknirschend unvertretbare Kompromisse akzeptieren. Man sollte schon gar nicht wegschauen oder schwindeln müssen, wenn man von anderen gefragt wird, wohin man denn gehört. Vielmehr sollten die anderen mit einem gewissen Neid bemerken, wie vergnügt die liberale Partei ist.

Ihre Wirkung beginnt in der Gemeinde. Sie ist die kleinste, aber in mancher Hinsicht auch die wichtigste Einheit der politischen Tätigkeit. Gemeindepolitik berührt Menschen unmittelbar. Sie sollte das eher noch stärker tun (»soviel Dezentralisierung wie möglich ...«); aber schon heute bietet sie einen breiten Fächer der Betätigungsmöglichkeit für liberale Kommunalpolitik. Der Gehalt und Stil liegt irgendwo zwischen dem, was früher in Süddeutschland die Freien Wählervereinigungen getan haben, und dem, was heute Unabhängige und zuweilen Grüne betreiben. Übrigens natürlich auch manche von der FDP. Es handelt sich um eine unabhängige, kritische, bürgernahe, fortschrittliche Kommunalpolitik.

Kommunalpolitik muß nicht provinziell sein. Die Partei, von der hier die Rede ist, zielt in mindestens zwei Dimensionen von kleinen Einheiten der politischen Betätigung in sehr entfernte Welten. Ihr ist einmal ein europäisches Bewußtsein eigen. Sie betont die europäische Perspektive vieler Probleme. Sie macht in der Diskussion internationaler Themen die spezifisch europäische Dimension deutlich. Das gilt nicht nur für die Europäische Gemeinschaft oder die Europäische Menschenrechtskonvention, sondern auch für die europäi-

schen Interessen in der Sicherheitspolitik, in der Währungspolitik, in der Entwicklungspolitik.

Die andere nicht-provinzielle Dimension einer von unten
her gespeisten liberalen Partei liegt in ihrer Nähe zu den
kritischen Geistern der Zeit. Für diese Partei sind Intellektu-
elle weder Pinscher noch bloß Experten, sondern diejenigen,
die mit dem Wort die Zukunft beschwören, beschreiben,
zuweilen beschimpfen, aber immer suchen. Nicht nur der
gesinnungsethische Einschlag des intellektuellen Denkens,
sondern auch die Klarheit der Ideen und ihre kritische Wirkung ist wichtig. Ein liberaler Club von Intellektuellen sollte
das Wirken der Partei ständig begleiten.

Das heißt auch, daß dies eine Partei ist, die schlicht und
einfach versucht, die Wahrheit zu sagen. Das ist ein gefähr-
liches Wort. Wer weiß schon, was wahr ist? Aber am Maßstab der intellektuellen Kritik lassen sich doch sehr leicht
diejenigen, die nur pompöses Geschwätz absondern, schei-
den von denen, die etwas zu sagen haben. Auch der Unterschied zwischen denen, die sich und anderen nichts vorma-
chen, und denen, die immerfort gängige Phrasen wiederho-
len, ist durchaus leicht auszumachen. An ihrer Sprache soll
man sie erkennen. Die Partei hat keine Antwort auf alle
Fragen. Überdies nennt sie die Dinge beim Namen, auch die
Tatsache, daß die nukleare Gefahr das Krebsgeschwür der
Menschheit ist.

Kommunalpolitik plus Europa plus Intellekt ist schon
viel, aber noch nicht genug. Eine Partei möchte auch regieren. Sie will Bundespolitik machen. Aber regieren ist für sie
nicht alles. Der Macht als solcher steht sie eher skeptisch
gegenüber: nicht mit der Berührungsangst der Grünen und
Alternativen, aber doch mit einer gesunden Portion humor-
voller Distanz. Sie braucht die Macht nicht, aber sie kann

mit ihr umgehen. Sie muß nicht regieren, um die Dinge zu beeinflussen; aber sie will die Dinge auch dadurch beeinflussen, daß sie regiert.

Übrigens: da das Thema schon unausweichlich geworden zu sein scheint – Koalitionsfragen interessieren sie nicht. Jedenfalls sieht die liberale Partei in Koalitionsentscheidungen keinen Ersatz für Programme. Im Prinzip kann sie sich mit jeder demokratischen Partei verbinden, wenn sie sich denn schon verbinden muß. Solche Verbindungen sind keine Politehen von historischer Bedeutung; sie sind auch nicht Anlässe für Profilierungsbemühungen ohne Gehalt und Programm; sie sind Zweckbündnisse, die Loyalität ohne Selbstaufgabe verlangen. Sie ändern nichts daran, daß man seine eigene Sprache spricht und man dies klar und deutlich tut. Aber, wie gesagt, der Partner ist nie Ersatz für die eigenen Absichten.

Von diesen Absichten war ausführlich die Rede. Zum Teil werden sie durch Bedingungen diktiert, die keine Partei kontrollieren kann. Das sozialökonomische Klima, in dem wir leben, setzt den Rahmen für alle Politik, auch für die der Liberalen. Es wahrheitsgemäß zu beschreiben, ist eine Aufgabe. Ohne Illusionen alles zu tun, um den Anpassungsprozeß der Volkswirtschaft zustande zu bringen, ist eine weitere Aufgabe. Und dann ist da die schmerzhafteste Konsequenz des neuen Klimas: die Notwendigkeit, die öffentlichen Haushalte zu beschränken. Manche Kürzungen, die nötig sind, werden vielen weh tun. Auch das muß gesagt werden. Aber dahinter darf auch nicht die Spur eines stillen Vergnügens stecken, etwa darüber, daß Menschen nun wieder mehr Disziplin zeigen, härter arbeiten müssen. Daß die Zeiten schlecht sind und Menschen darunter leiden, ist bittere Realität, nicht wünschenswertes Instrument der Herrschaft.

Mitgefühl, Verständnis für Nöte und Notwendigkeiten, im weitesten Sinn soziales Empfinden sind ein Kernmerkmal der Partei, von der hier die Rede ist.

Aber nicht alles, was die Zukunft kennzeichnet, ist schwarz in schwarz zu malen. Es gibt auch Dinge, die eine liberale Partei tun kann, um mehr Lebenschancen für mehr Menschen zu eröffnen. Manches davon ist hier erörtert worden. Übersetzt man das einmal ins Allerpraktischste, dann folgt daraus zum Beispiel, daß die liberale Partei das Innenministerium nicht suchen wird. Das ist bei Sozialdemokraten oder bei Liberalkonservativen in weit besseren Händen. Auch reine Interessentenministerien sind bei Liberalen schlecht aufgehoben, selbst wenn die Meinungsforscher sagen, daß sie Stimmen einbringen. Dagegen werden Liberale sich für jene Regierungsaufgaben interessieren, die zukunftsgerichtet sind: für die Technologie, für Umweltfragen, für Entwicklungspolitik, für Dezentralisierung (wie sie Innenminister Gaston Defferre in dem allerdings sehr viel stärker zentralisierten Frankreich betreibt), auch für Sozialpolitik. Das heißt nicht, daß zentrale Bereiche wie die Außenpolitik oder die Justizpolitik vergessen werden dürfen. Aber die Kombination dieser Bereiche mit den neuen Fragen der Zukunft ist wichtig.

Eine Partei also im Parteienritual – nein, auch das bedarf eines wesentlich anderen Ansatzes. Die deutschen Parteien geben zuviel Geld aus. Die Teilhaber der Macht verwechseln immerfort ihr Parteiinteresse mit dem des Gemeinwesens. Parteien können auch auf der freiwilligen Bereitschaft der Bürger, ihrer Mitglieder zur Mitwirkung, feste Burgen bauen. Mitglieder sollten jedenfalls mehr tun, als Beiträge zu zahlen. Sie sollten die Partei geistig lebendig und praktisch wirksam halten; dann können die führenden Herren auch wieder mitreden, selbst wenn sie mit der Eisenbahn statt der Bundeswehrmaschine zu Versammlungen kommen müssen.

Eine solche Partei könnte eine produktive Unruhe im Parteiensystem der Bundesrepublik sein. Die Grünen sind eine Unruhe, aber keine produktive. Die Staatsparteien sind produktiv, aber keine Unruhe. Der absolute Zweifel der einen fördert die absolute Selbstgerechtigkeit der anderen. Zwischen beiden ist der Platz der hier beschriebenen liberalen Partei. Sie ist als Unruhe keineswegs nur eine negative Kraft, also keine Verhinderungspartei. Sie vertritt vielmehr ein Programm, das Programm des Weges zu weniger Staat und zugleich zu einer internationalen Politik der Freiheit. Zudem hat sie einen Stil, nämlich den, die Dinge beim Namen zu nennen, ohne Lust daran zu haben, anderen weh zu tun. Sie ist übrigens eine Partei, die sich selber nicht zu ernst nimmt. Sie weiß, daß die meisten wichtigen Fragen nicht von Regierungen und Parteien beantwortet werden. Sie glaubt an das Leben ohne Staat. Kurzum: sie ist liberal.

Heißt sie Freie Demokratische Partei, F.D.P.? Parteien sind das, was sie sind, und das, als was sie erscheinen. Es läßt sich schwerlich leugnen, daß die FDP seit dem 17. September und dem 1. Oktober 1982 vielen Wählern nicht als die produktive Unruhe der deutschen Politik, geschweige denn als eine fortschrittlich liberale Partei mit eigenem Stil erscheint. Vielmehr fragen sich auch ihre Freunde, wofür sie denn eigentlich stehe. Manche, auf die eine Partei, wie sie hier beschrieben worden ist, schwer verzichten kann, haben die FDP verlassen. Wenn sie nicht politisch heimatlos geworden sind, haben sie sich anderen Parteien angeschlossen, die ihnen zwar Heimat, aber schwerlich Liberalismus bieten können.

Es gibt wenigstens zwei gute Gründe für eine liberale dritte Partei in der Bundesrepublik Deutschland. Der erste Grund liegt in der Bedeutung des Liberalismus selbst. Das Bestehen auf den Lebenschancen des Einzelnen, deren jede Beschränkung abweisende Verteidigung und die ungeduldige Suche nach deren Erweiterung sind ein unentbehrliches Element einer offenen Gesellschaft. Gewiß gibt es in den großen Parteien der Rechten und der Linken manche, die in diesem Sinne liberal sind. Nicht ohne Grund wird ja zuweilen von Parteien der rechten oder linken Mitte gesprochen. Aber nur eine Partei, die durch und durch liberal ist, kann diese Kräfte auch in den anderen Parteien stärken. Im Kern sind die beiden anderen Positionen eben rot oder blau, sozialistisch oder rechtsgewirkt. Und selbst wenn sie sozialdemokratisch oder konservativ sind, überwiegen in ihnen Motive, für die das Wort liberal fehl am Platze wäre. Deswegen nehmen sie keine unvertretbaren Positionen ein, aber das Gemeinwesen als Ganzes würde leiden, wenn ihm die eine durch und durch liberale Kraft fehlt.

Das läßt sich auch anders, konkreter ausdrücken. Darin liegt der zweite Grund für die liberale Partei in Deutschland. Zweiparteiensysteme haben eine fatale Tendenz zur Evakuierung der Mitte. Sie ermutigen die extremen Flügel der Parteien, ihre Vorstellungen zuerst ihrer Partei und dann dem ganzen Land zu oktroyieren. Großbritannien hat an diesem Mißstand und an dem mit ihm zusammenhängenden Stil der Freund-Feind-Politik nicht nur politisch, sondern auch wirtschaftlich und sozial gelitten. Mehrparteiensysteme, bei denen die kleineren Parteien auf einem der Flügel stehen, sind nicht weniger mißlich. Im schlimmsten Fall führen sie zu Weimarer Ergebnissen, also zum Schrumpfen der Mitte, bis einer der extremen Flügel die Macht an sich reißt. Aber auch im weniger schlimmen Fall führen sie zur Instabilität, wie das Beispiel Schwedens auf der Linken, das Dänemarks auf der Rechten zeigt. Dänemark demonstriert übrigens auch, was geschieht, wenn es in einem Mehrparteiensystem eine Gruppe gibt, die nicht mitspielen will, eine Anti-Partei. Glistrups Steuerrebellen sind ebenso eine Verirrung des Parlamentarismus wie Kellys Grüne. Allen diesen Möglichkeiten ist jedenfalls ein System vorzuziehen, in dem eine progressive Partei der Mitte als Unruhe, als bewegende Kraft wirkt.

Hier liegt die große Verantwortung der FDP. Manche meinen, diese Partei, die in der Geschichte der Bundesrepublik eine so wichtige Rolle gespielt hat, habe die Chance für die Zukunft schon verspielt. Sie halten die Entscheidungen vom Herbst 1982 für lebensgefährlich und die Prügel, die die FDP dafür von den Wählern bezogen hat, für berechtigt. Gewiß schleppte sich die sozialliberale Koalition damals nur mehr mühsam dahin. Auch galt in einem tieferen Sinne, daß eine Epoche, möglicherweise eine sozialdemokratische Epoche, zu Ende zu gehen begann.

Indes meinen manche, die so denken, daß es keine plausible Alternative gab und daher auch keinen Grund zum Wechsel. Weder das Programm der FDP noch die neue politische Konstellation habe wirklich neue Wege gewiesen. Die Wahl von Bundeskanzler Helmut Kohl durch ein konstruktives Mißtrauensvotum und die Bildung einer Regierung aus CDU/CSU und FDP sei daher günstigstenfalls ein Versuch gewesen, mit falschen Mitteln das Richtige zu tun. Für die FDP sei er in jedem Fall selbstmörderisch gewesen. Er habe eben nicht auf der Suche nach neuen Ufern des Liberalismus stattgefunden, sondern aus Ermattung, aus Angst oder aus der Unfähigkeit, ohne Macht zu leben.

Ich kann diese Meinung verstehen, aber ich teile sie nicht. Es ist wahr, daß die FDP seit vielen Jahren – keineswegs erst seit dem Herbst 1982 – kein klares programmatisches Bild mehr bietet. Das Freiburger Programm war Abschluß und nicht Beginn. Immer mehr hat sich das Bild der Funktionspartei durchgesetzt, der dritten Partei als Mehrheitsbeschaffer. Was anläßlich des Bonner Machtwechsels von 1982 ausgebrochen ist, hat also schon lange geschwelt. Auch diejenigen, die die Partei nach dem Machtwechsel verlassen haben, standen schon lange an ihrem Rande. Dennoch steckte in diesem langen Prozeß der Unklarheit, der nebulösen Gestalt der FDP ein Stück Ahnung zukünftiger Notwendigkeiten. Zu vieles blieb unausgesprochen, und doch fehlte es nicht an einem vagen, schwankenden, aber eben um eine bestimmte Richtung schwankenden Sinn für den Themenwechsel. Daß die FDP die Sprache verloren hat, ist viel schlimmer und auch viel zutreffender, als daß sie die Richtung verloren hätte.

Es kann sein, daß die FDP sich von dieser langandauernden Schwäche nicht mehr erholt. Wenn die Wähler sie umbringen, hat sie das nur sich selbst zuzuschreiben. Wahrscheinlicher ist freilich eine Erholung, und sei es auch eine, die viele Jahre braucht. Diese Erholung muß gewiß programmatisch sein. Damit ist indes nicht eine neue Programmdiskussion in allen Kreisverbänden der Partei gemeint, sondern eine klare Grundhaltung der führenden Sprecher der FDP, die sich zu ihren Mitgliedern und Anhängern ausbreitet. Gemeint ist eine deutlich konturierte Gestalt der FDP, die es ihren Vertretern erlaubt, jedem Bürger in die Augen zu blicken.

Dazu gehört vor allem, daß die FDP sich eindeutig zu einem aktiven, also fortschrittlichen Liberalismus bekennt.

Für den formalen und passiven Liberalismus, der manchmal unter dem irreführenden Etikett des Wirtschaftsliberalismus herumgeistert, ist eine Partei nicht nötig. Dafür ist auch in CDU und CSU Platz, vielleicht rechts von der CDU. Die NPD hat diesen Platz ja entdeckt und vorübergehend besetzt. Die CSU spielt gelegentlich mit dem Gedanken, einen solchen Platz für sich in Anspruch zu nehmen. Aber es gibt keinen deutschen Chirac, keinen deutschen Reagan, keine deutsche Thatcher. Liberale sind alle drei mit Sicherheit ohnehin nicht. Einen liberalen Platz gibt es nicht rechts von CDU und CSU. Es ist schon schlimm genug, daß die FDP im Bundestag dort und nicht, wie im baden-württembergischen Landtag, in der Mitte sitzt.

Damit die FDP wieder zu einem aktiven und fortschrittlichen Liberalismus findet, ist zuviel Regieren wahrscheinlich nicht gut. Das ist nicht leichten Herzens gesagt. Natürlich geht es in der Politik um das Gestalten und nicht um das Reden. Mancher wird selbst das in diesem Abschnitt skizzierte Bild einer liberalen Partei für unpolitisch halten. Aber das zeigt nur, wie bürokratisch-administrativ der Begriff des Politischen in Deutschland geworden ist. Vielleicht sollte die FDP in diesem Sinne ein bißchen unpolitischer werden, um zu sich zu finden. Jedenfalls wäre es für sie nicht gerade tragisch, wenn sie eine Zeitlang zur Opposition verdammt würde. Sie könnte dann zeigen, daß sie keine Machterhaltungspartei ist, und vor allem beweisen, daß ihre Funktion selbst einen Inhalt hat, zudem einen, der immer neu erobert sein will.

Manche möchten den hier skizzierten Weg auf andere Weise gehen. Sie wollen noch weiter vorne beginnen, mit Liberalen Vereinigungen, mit der Neugründung einer Partei. Zumal in einer bindungslosen Zeit ist eine solche Methode

durchaus verständlich. Aber gerade wegen dieser bindungslosen Zeit ist sie auch falsch. Nicht daß sie wahrscheinlich
zum Scheitern verurteilt ist, sollte ihr entgegengehalten werden, sondern daß man sich damit bewußt aus einer Tradition herausdefiniert, ohne die doch die Zukunft nicht gefunden werden kann.

Auch wir haben hier ein bißchen mit Nulloptionen
gespielt, also von Anfang an eine Partei konstruiert. Der
Sinn dieses Unternehmens lag allerdings darin, einen Maßstab für das Wirkliche zu schaffen, einen kritischen Maßstab
gewiß, aber doch einen, der weiterführt. Die Geschichte des
deutschen Liberalismus mag eine Tragödie sein. Es gibt in
ihr dennoch genügend Elemente, die eine Partei aufnehmen
kann, die aus alten liberalen Grundhaltungen heraus neue
Fragen anpacken will. Es ist vielleicht härter, eine verharzte
und in Teilen verfehlte Vergangenheit umzuprägen, ohne sie
zu leugnen; aber es ist auch wichtiger, das zu tun. Die
Reform der FDP ist daher die Aufgabe derer, die glauben,
daß die Bundesrepublik eine liberale Partei braucht.

Die Welt von morgen

Die Bundesrepublik kann trotz
allem eine liberale Zukunft haben.

Otto Graf Lambsdorff hat im Deutschen Bundestag einmal davor gewarnt, den Reichtum der Deutschen zu überschätzen. Im Grunde genommen sei dieser nur eine dünne Schicht, eine Art Zuckerguß, unter dem nicht viel stecke. Länder, deren wirtschaftliche Schwäche so oft betont werde, wie Großbritannien zum Beispiel, seien viel wohlhabender. Dort sitzt der Wohlstand tatsächlich tiefer. Da finden Enkel noch auf dem Dachboden ihrer verstorbenen Großeltern Bilder von John Constable. Da ist übrigens auch die Finanzdecke von Unternehmen oft stabiler als in Deutschland. Der deutsche Wohlstand ist nach wie vor prekär. Darin spiegelt er die deutsche Freiheit, die deutsche Demokratie.

Daß die Bundesrepublik bisher eine glückliche Geschichte gehabt hat, war hilfreich. In ihr ist mehr verändert worden als nur das sichtbare Bild der Städte oder auch der Parteien. Die Bundesrepublik hat nicht nur eine freiheitlich-demokratische Grundordnung – sie ist eine freie Gesellschaft. Gewiß gibt es Spuren des Alten. Wer unbedingt will, kann in der Bundesrepublik nicht allein Überreste der Nazizeit, sondern auch solche des Kaiserreiches finden (wenngleich die preußische Tradition vor allem in der Deutschen Demokratischen Republik fortzuleben scheint, bis hin zum Stechschritt der

Wachen Unter den Linden). Aber wer dies unbedingt will, hat den Versuch, die heutige Wirklichkeit zu erkennen, bewußt aufgegeben. Denn die heutige Wirklichkeit ist anders. Deutschland ist ein modernes Land geworden, in dem die staatsbürgerlichen Grundrechte im Prinzip für alle verwirklicht sind. Und Deutschland ist ein liberales Land geworden, in dem Initiative und nicht Gängelung das Leben der meisten bestimmen.

Aber die neuen deutschen Tugenden sind, wie gesagt, prekär. Vor allem sind sie eng, vielleicht zu eng mit wirtschaftlichen Erfolgen verbunden. Samuel Huntingtons These, daß Demokratie ohne Wirtschaftswachstum nicht funktionieren kann, gilt sicher nicht überall. In Großbritannien haben die demokratischen Institutionen nicht spürbar unter der Tatsache gelitten, daß die Wirtschaft seit beinahe einem Jahrhundert hinkt. In Deutschland spricht manches für die These. Da mehr Freiheit lange Zeit auch mehr Wohlstand bedeutete, hat der Zusammenhang sich in den Köpfen vieler festgesetzt. Wird der Wohlstand in Frage gestellt, dann ist auch die Freiheit nicht mehr selbstverständlich. Dem Nullwachstum folgt der Ruf nach dem starken Mann auf dem Fuße.

Die Parteien sind ein Spiegelbild dieser Lage. Sie können es noch immer nicht lassen, Versprechungen zu machen. Die SPD behauptet, sie könne die Arbeitslosigkeit durch Mitterrandsche Programme beträchtlich reduzieren, wenn nicht beseitigen; die CDU/CSU behauptet, wenn erst die »Erblast« abgetragen sei, ließe sich die Wirtschaft schon wieder ankurbeln. Selten nur hört man eine Stimme wie die des Hamburger Bürgermeisters Klaus von Dohnanyi im Deutschen Bundestag, wonach die Welt eben nicht mehr so sei, daß die alten oder selbst die neuen Medizinen sie kurierten.

Wenn man will, kann man hier beginnen, ein düsteres Bild der deutschen Zukunft zu malen. Die goldenen Jahre der Bundesrepublik sind vorbei. In dem Maße, in dem die Parteien mit ihren Versprechungen scheitern, wächst der Wunsch nach klaren Verhältnissen. Für diese ist ein starker Mann zunächst gar nicht nötig. Eine Zeit der Großen Koalition, gefolgt von einer langen Zeit der Regierung einer Partei – wahrscheinlich der CDU/CSU – kann schon reichen. In dieser Zeit wird zum erstenmal ernsthaft in die Tarifhoheit eingegriffen. Norbert Blüms Anregung zu einer Lohnpause wird dann als Erinnerung an glücklichere Zeiten gelten. Zugleich interessiert sich der Staat stärker für die Industriepolitik. Die Zukurzgekommenen dagegen werden systematisch vernachlässigt; sie sind ohnehin keine wichtigen Wähler. Das Arbeitslosengeld wird gekürzt; die Abschaffung aller Formen der Unterstützung für junge Leute gewinnt ein neues, häßlicheres Gesicht. Auch ohne Notverordnungen gehen wir spätweimarer Zeiten entgegen.

Derlei Maßnahmen werden dadurch populärer, daß man sie mit einer Offensive in Sachen *law and order* begleitet. Nicht nur werden Straftaten entschiedener verfolgt und Urteile verschärft, vor allem wird der Status der Gastarbeiter verändert. »Ausländer raus!« bleibt nicht die Parole einer kleinen Minderheit, sondern wird zur Regierungspolitik. Nur gelegentlich und nur auf Zeit dürfen ausländische Arbeiter noch besonders unbeliebte Arbeiten tun. Auch dann ist es ihnen nicht erlaubt, ihre Familien mitzubringen; sie selbst können allenfalls für kurze Zeit bleiben. Der Prozeß des Abschiebens der Ausländer beginnt mit dem Zuckerbrot, mit einem Aufgeld für die freiwillig Abwandernden, und endet mit der Peitsche, dem Entzug der Aufenthaltsgenehmigung.

Das alles wird begleitet von einer zunehmenden Verengung der vorherrschenden und akzeptablen Werte. Die Hauptwirkung der ausgiebigen Datensammlung, die es Unternehmern, vor allem aber staatlichen Instanzen noch Jahre später erlaubt, dem einzelnen, dem Bewerber zum Beispiel oder dem Antragsteller, vorzuhalten, er habe am 1. Mai 1970 an einer kommunistisch gesteuerten Kundgebung teilgenommen, liegt ja in der Antizipation des Problems durch potentielle Bewerber und Antragsteller. Es ist schon wahr, daß Duckmäuserei sich breitmacht, wenn man befürchten muß, für ein Flugblatt, das man als Schüler verfertigt oder mit verantwortet hat oder eben für die Teilnahme an einer Demonstration, noch viele Jahre später bestraft oder benachteiligt zu werden. Da pendelt sich dann ein Normalverhalten ein, harmlos, uninteressiert und uninteressant, auf einer grauen mittleren Linie angesiedelt, eben duckmäuserisch. Daß die Antizipation von Schwierigkeiten die Linien des Erlaubten meist enger zieht als nötig wäre, macht die Sache nur schlimmer. Es entsteht eine Art freiwilligen Autoritarismus; man gehorcht Autoritäten, die es noch gar nicht gibt.

Dies alles paßt übrigens nur allzu gut in eine internationale Landschaft, in der auch andere dazu neigen, sich abzukoppeln, einen Ring zuerst um ihre Volkswirtschaften, dann um ihre Gesellschaften zu legen. Nicht einmal Angst haben die klassischen Gegnerländer Europas voreinander. Sie werden dafür einen Preis bezahlen, der zunächst ökonomisch ist, alsbald aber ins Politische hineinreicht. Protektionismus ist unter anderem einer der Väter dessen, was vor fünfzig Jahren Faschismus hieß. Es wird dieses Mal einen anderen Namen haben; Geschichte wiederholt sich bekanntlich nicht. Es muß auch nicht zu Auschwitz oder zum

234 Die Welt von morgen

totalen Krieg führen; aber die Drohung der Unfreiheit bleibt groß.

Für die deutsche Außenpolitik bedeutet das eine Alternative von gleichermaßen unseligen Möglichkeiten. Entweder kann sie zur bewußten Satellitenpolitik werden, also zur uneingeschränkten Abhängigkeit von den Vereinigten Staaten und ihren eigenen, zunehmend isolationistischen Bestrebungen. Das heißt, daß die Vereinigten Staaten diktieren können, was die Deutschen tun, wieviel Geld sie für Verteidigung ausgeben, welche Waffen sie stationieren, wann diese benutzt werden. Es bedeutet das Ende der gemeinsamen Ausübung von Solidarität durch die europäischen Länder.

Die andere Möglichkeit ist die, daß Deutschland seinen eigenen Weg in der engeren Bindung an die andere Supermacht sucht. Das klingt noch verwegener, entspricht dennoch den Träumen mancher. Ohne Verzicht auf eine innere Ordnung der Freiheit soll die Bundesrepublik nach dieser Auffassung ihre Bindung an die westlichen Allianzen lockern und eine neue, mittel-osteuropäische Friedensordnung suchen. So wie in der ersten Alternative ein gehöriger Schuß Subalternität steckt, so enthält die zweite ein gerüttelt Maß Selbstüberschätzung. Deutschland und die Sowjetunion werden die Sache schon schmeißen ...

Alle diese Möglichkeiten sind irgendwo in dem konfusen und verwirrenden Parteiensystem der Bundesrepublik angelegt. Lassen wir die Liberalen für den Augenblick beiseite (was ebenso gefährlich wie realistisch ist), so gibt es zwei gespaltene Volksparteien und vielleicht eine antiparlamentarische Kraft im Parlament.

Die Grünen sind schwerlich die Advokaten der autoritären Tendenzwende. In dem neuen sozialökonomischen

Klima gedeihen sie aber vorzüglich. Ihre fundamentale Schwäche, wo es um die Notwendigkeiten der Außenpolitik und überhaupt der Setzung von Rahmenbedingungen geht, kann zudem Bedingungen fördern, die auf den ersten Blick attraktiv scheinen, aber schon auf den zweiten die Freiheit gefährden. Die Grünen sind in mehr als einer Hinsicht »nützliche Idioten«: Ihre absoluten Forderungen erlauben es denen, die Startbahnen oder Kernkraftwerke bauen oder Kernwaffen stationieren wollen, dies ohne alle Einschränkung zu tun; ihre außenpolitische Naivität spielt denen in die Hände, die wenig Zeit für Grüne und überhaupt für Freiheit haben. Es kann den Parteien der Bundesrepublik nicht schaden, durch die Grünen an ihre Versäumnisse erinnert zu werden. Ein bißchen »Unregierbarkeit« bringt auch die deutsche Demokratie nicht um. Aber eher früher als später ist doch zu hoffen, daß die Wähler der Grünen es wieder attraktiv finden, anderen Parteien ihre Stimme zu geben.

Die Sozialdemokratische Partei besteht aus zwei Parteien. Die neuen Aktivisten sind in manchem den Grünen nahe. Nicht zufällig plädieren sie für enge Kontakte zu ihnen. Wir haben vom Lehrersozialismus gesprochen, einem neuen Radikalismus, der auch auf das veränderte sozialökonomische Klima noch mit dem Ruf nach Umverteilung antwortet. Viel Gleichheit, selektive Brüderlichkeit und weniger Freiheit stehen auf dem Papier dieser Gruppe. Ihre Aktivität in einer sonst eher indolenten Welt gibt ihr eine beträchtliche Macht. Sie stellt einen unverhältnismäßig großen Anteil an Parteitagsdelegierten und auch an Parlamentsabgeordneten. Die Verlockung, eine eigene Partei zu gründen, ist bei dieser Gruppe immer wieder groß. Gelegentlich wird eine solche Partei gegründet, wie die der Demokratischen Sozialisten.

Aber der Wunsch nach Macht hält die Lehrersozialisten mit den älteren Arbeitersozialisten zusammen. (Gewerkschaftssozialisten kann man schon nicht mehr sagen; denn die Lehrer sind drauf und dran, auch die Gewerkschaften zu erobern.) Diese klassischen Sozialdemokraten glauben, daß sich die Welt des modernen Sozialstaates, ja überhaupt die der sozialdemokratischen Werte, im großen und ganzen erhalten lasse. Gewiß seien hier und da Korrekturen nötig, aber nicht mehr als Korrekturen. Es gebe noch genug Menschen, die die Segnungen des Sozialstaates brauchten, um in den vollen Genuß ihrer Staatsbürgerrechte zu kommen. Es spreche daher vieles dafür, an den Werten der letzten Jahrzehnte und auch an ihren Politiken festzuhalten.

Das meinen auch die gemäßigten Mitglieder der CDU/ CSU. Es ist ja seit langem schon wahr, daß die Heftigkeit der Polemik innerhalb und außerhalb des Deutschen Bundestages im umgekehrten Verhältnis steht zu den tatsächlichen Differenzen zwischen den Parteien. Je näher man aneinander war, desto deutlicher mußte man durch deftige Worte machen, daß man unter verschiedenen Buchstaben agierte. Vor allem die CDU hat viele Anhänger und Führer, die nichts anderes wollen als den sozialdemokratischen Konsensus zu erhalten. Das hat seinen Sinn: Es ist die eigentlich konservative Position unserer Zeit. Auch eine Koalition dieser Teile der CDU mit den Arbeitersozialisten der SPD wäre keineswegs sehr »groß«; es wäre eine eher kleine Koalition.

Auffällig bleibt die Tatsache, daß die extremere Position der Rechten in Deutschland so wenig Sprecher hat. Viele lieben es, Franz Josef Strauß in die Rolle des Repräsentanten dieser Rechten zu schieben; aber sie verwechseln Geräusch mit Substanz. Strauß ist am Ende ein biederer Repräsentant des vorherrschenden bundesdeutschen Konsensus. In gewisser Weise ist der Graf Lambsdorff des Lambsdorff-Papiers, also der Theoretiker und nicht der Politiker, von diesem Konsensus weiter entfernt als Franz Josef Strauß. Daran, daß es die Thatcher- oder Chirac-Position gibt, kann jedenfalls kein Zweifel bestehen. Auch geht man wohl nicht fehl in der Annahme, daß diese Position, so wenig sichtbar sie einstweilen sein mag, mehr Zukunft hat als manche der anderen.

Das also ist die verwirrende Konfusion des deutschen Parteiensystems: Der rechte Flügel der SPD und der linke Flügel der CDU sind einander näher als diese Flügel den extremeren Gruppen in ihren eigenen Parteien. Aber die extremeren Gruppen werden durch das System der Volksparteien eingebunden, so daß unorthodoxe Auffassungen außerhalb der Bundestagsparteien ihren Ausdruck finden, je nach vorherrschender Problematik der Zeit mal auf der Rechten, NPD, mal auf der Linken, Grüne. Die Verwirrung kann nicht dauern.

Es fehlt das liberale Element. Denn die düstere Perspektive, mit der wir diesen Abschnitt begonnen haben, ist nur eine mögliche deutsche Zukunft. Es gibt eine andere, liberalere Möglichkeit, und es ist nicht einzusehen, warum die Bundesrepublik zu ihr nicht die Kraft finden sollte. Was die liberale Möglichkeit im engeren Sinne bedeutet, ist in dieser Schrift im einzelnen dargelegt worden. Je stärker eine liberale Partei wird, die es gegenwärtig nicht gibt, desto liberaler die Zukunft des deutschen Gemeinwesens. Aber auch wenn wir über die Grenzen dieser liberalen Partei hinausblicken, bleiben ein paar Erfordernisse, die nicht unrealistisch sind, auch wenn sie manchem Schwierigkeiten bereiten.

Zunächst kann nicht oft genug betont werden: Die Bundesrepublik muß mit ihrer Geschichte im Einklang bleiben.

Es hat keinen Sinn, sich gegenseitig nicht vorhandene Erb-
lasten um die Ohren zu schlagen. Deutschland hat eine
Zukunft der Freiheit nur, wenn es seine Vergangenheit zum
gemeinsamen Erbe aller macht. Dazu gehört übrigens auch
ein generell größeres Interesse an unserer Geschichte und
ihrer Bedeutung.

Sodann müssen wir mit dem neuen sozialökonomischen
Klima fertig werden, das wir mit den übrigen OECD-Ländern teilen. Das verlangt tiefgehende Änderungen in den
vorherrschenden Einstellungen. Wirtschaftliches Wachstum
ist wichtig, aber nicht allwichtig. Wachstum verlangt allerdings Innovationsfähigkeit, Phantasie, Initiative. Jenseits der
Welt der Wirtschaft sind zwei Dinge vor allem nötig: Wir
müssen Freiheit und Wirtschaftswachstum voneinander
trennen. Eine Marktgesellschaft kann auch bei schwachem
Wirtschaftswachstum gedeihen. Und wir müssen eine neue
Sozialethik entwickeln. An vielen Punkten des Lebens wird
die Solidarität von Menschen den Platz staatlicher Bürokratien einnehmen. Es sind vor allem Einstellungen, die sich in
dem neuen Klima, in dem wir leben, ändern müssen. Den
Änderungen der Einstellungen werden die der Institutionen
folgen.

Fertigwerden müssen wir auch mit der komplizierten Welt
der Rahmenbedingungen unserer Existenz. Noch immer
denke ich dabei an Gladstones Reden über ferne Länder,
also in die Problematik der Gegenwart übersetzt an die Notwendigkeit, die OECD-Welt, ihr Verhältnis zur RGW-Welt
und zur Welt der Gruppe der 77 zu verstehen. Da gibt es
keine einfachen Formeln. Schon die gemeinsame Ausübung
von Souveränität ist eine komplizierte Formel. Die Notwendigkeit der Humanität gegenüber den armen Ländern der
Gruppe der 77 klingt zwar einfach, erweist sich aber in der

Praxis als höchst schwierig. Der Überzeugungsprozeß, der hier nötig ist, darf nie aufhören. Er wird immer von dem ausgehen, was geschehen würde, wenn wir uns von der Welt abwenden und den eigenen Nabel betrachteten. Wir brauchen die gemeinsame Ausübung von Souveränität innerhalb der OECD-Welt zur Erhaltung von Freiheit und Wohlstand. Wir brauchen die engen Beziehungen zwischen OECD-Welt und RGW-Welt zur Erhaltung des Friedens. Wir brauchen die Hilfe für die Gruppe der 77, um wenigstens Schritte auf dem Weg zur Weltbürgergesellschaft zu tun, die ja nicht Kant'sche Phantasie, sondern moralisches Gebot ist.

Das alles ist bezogen auf die nukleare Gefahr, ohne sie doch direkt beim Namen zu nennen. OECD, RGW und auch die Gruppe der 77 sind wirtschaftliche, nicht militärische Namen für Ländergruppen. Der nukleare Krebs ist die größte Gefahr für die Menschheit. Alles, aber auch alles, was getan werden kann, um seine Metastasen zu verhindern, seine Wirkungen einzudämmen, ihn am Ende doch noch zu heilen, muß getan werden. Hier ist schon Untätigkeit unverzeihlich, auch wenn Tätigkeit nicht immer zum Ziel führt.

Wie das alles im einzelnen bewirkt wird, läßt sich durchaus verschieden entwerfen. Es gibt nicht nur liberale Antworten auf die großen Fragen der Zeit. Für die Bundesrepublik wäre es gut, wenn die Parteien klarere Fronten zeigten, als sie das heute tun. Es gibt wahrscheinlich noch immer eine breite sozialdemokratische Mehrheit, auch wenn sie schrumpft und mit den unausweichlichen Enttäuschungen ihrer Politik noch weiter schrumpfen wird. Es gibt die neuen *levellers,* die Gleichmacher auf der Linken. Es gibt die Neokonservativen, die Radikalen auf der Rechten. Und es gibt die Liberalen. Wären die Parteien der Bundesrepublik in dieser Weise organisiert, dann würde von den Grünen bald niemand mehr sprechen. Dann wäre es auch möglich, die großen Konflikte um die Zukunft der Bundesrepublik ohne falsche Kompromisse auszutragen. Eine gemeinsame politische Kultur, die Anerkennung gewisser Spielregeln, müßte nicht zu jenem Gedränge in der politischen Mitte führen, das die heutige Auseinandersetzung so verunklärt und das zur Stärkung der außerparlamentarischen Kräfte beiträgt.

Vieles davon ist im Konjunktiv gesagt. Parteien und Parteienstrukturen verändern sich nur langsam. Wahrscheinlich wird die SPD trotz aller inneren Zerrissenheit durch ihre gemeinsame Geschichte und ihre Tradition der Solidarität zusammengehalten werden. Wahrscheinlich wird die CDU, ja werden CDU und CSU durch ihre Lust an der Macht beieinander bleiben. Die Grünen verändern nichts, weil sie alles wollen. Veränderung, Zukunft, eine liberale Zukunft kann es also in der Bundesrepublik Deutschland nur durch eine starke, eine erneuerte liberale Partei geben.